Anorexia, bulimia

y otros trastornos alimentarios

Rosa María Raich

Anorexia, bulimia y otros trastornos alimentarios

EDICIONES PIRÁMIDE

COLECCIÓN «OJOS SOLARES»
Sección: Tratamiento

Director:
Francisco Xavier Méndez
Catedrático de Tratamiento Psicológico Infantil
de la Universidad de Murcia

Diseño de cubierta: Anaí Miguel

© Rosa María Raich
© Ediciones Pirámide (Grupo Anaya, S. A.), 2011
Juan Ignacio Luca de Tena, 15. 28027 Madrid
Teléfono: 91 393 89 89
www.edicionespiramide.es
Depósito legal: M. 520-2011
ISBN: 978-84-368-2456-8
Printed in Spain
Impreso en Lavel, S. A.
Polígono Industrial Los Llanos. Gran Canaria, 12
Humanes de Madrid (Madrid)

Índice

OJOS SOLARES

Prólogo

Me las prometía muy felices. Creía que actualizar el libro *Anorexia y bulimia: trastornos alimentarios* sería cosa de «coser y cantar», pero no. No en vano han transcurrido 16 años desde el año 1994 en que se publicó este primer libro. En este lapso de tiempo las cosas han cambiado y ¡mucho! No sólo han aparecido muchas más revistas especializadas en el tema de los trastornos alimentarios, no sólo se han desarrollado varias clasificaciones cada vez más concretas, no sólo se han creado y validado técnicas cada vez más precisas de evaluación, sino que los métodos de estudio de la eficacia de las técnicas terapéuticas han alcanzado unos umbrales de conocimiento que permiten predecir con mayor precisión el resultado de tales técnicas ante determinados trastornos.

El conocimiento en todos estos ámbitos se ha ampliado y hecho mucho más preciso. Se han desterrado tópicos, se han descubierto aspectos genéticos muy importantes, se han analizado las enormes dificultades que conlleva el diagnóstico y tratamiento, se ha admitido humildemente que han existido errores y equivocaciones difíciles de explicar. Pero se está de lleno en el impulso hacia las técnicas más eficaces para evaluar e intervenir en estos trastornos. Y no sólo en éstos, no sólo en anorexia, bulimia y trastornos del comportamiento alimentario no especificados (TCANE), sino que existe ya una importante literatura que se refiere a los llamados «problemas relacionados

OJOS SOLARES

con el peso», es decir, tanto la insatisfacción corporal que se halla en una proporción enorme en la población general femenina, tengan o no sobrepeso y los comportamientos alimentarios alterados para corregir dicha insatisfacción (que no alcanzan la clasificación de TCA pero causan mucho malestar y pueden terminar produciéndolo), como en los múltiples problemas derivados de la cada vez más creciente obesidad y la interrelación que existe entre uno y otro problema.

Así pues, y a riesgo de aparecer en un panorama sensiblemente más abundante en muy buenas aportaciones en el panorama de lengua española, en este libro se pretende presentar desde referencias tradicionales aún útiles actualmente hasta algunas aportaciones recientes que puedan resultar interesantes.

Cuando aún no ha aparecido la quinta versión del *Manual diagnóstico y estadístico de los trastornos mentales*, ya contamos con diferentes propuestas que probablemente influirán en su redacción y de las que se hace una reseña. En el panorama de los trastornos parece que se aceptará con pleno derecho el trastorno por atracón, pero aunque no tiene tanto respaldo como éste, se ha definido para su inclusión el síndrome de comida nocturna.

Las características clínicas de los trastornos más conocidos se hallan explicadas, tanto en el aspecto cognitivo como en el comportamental y emotivo, en el segundo capítulo.

El tercer y más largo capítulo se hace cargo de los factores de riesgo, de su descripción y de los múltiples estudios que avalan su definición como tales. En un último momento se escogen los que se pueden considerar como más destacados y referidos específicamente a estos trastornos. Este apartado termina con la exposición de diferentes modelos causales de los TCA y con una referencia expresa al modelo transdiagnóstico.

La evaluación de los TCA viene explicitada en áreas a evaluar y técnicas específicas para ello. Debo destacar la introducción de la nueva IDED (*Interview for Diagnosis of Eating Disorders; Entrevista para el diagnóstico de los trastornos alimentarios*) de Williamson que me fue enviada por el mismo autor. Asimismo, se presentan las técnicas necesarias para llevar a cabo un buen diagnóstico.

Finalmente, en la guía de tratamiento se hace un somero repaso a los tratamientos eficaces para cada trastorno y se acaba con un plan terapéutico, basado en el modelo transdiagnóstico, válido para cualquier tipo de TCA, pero con limitaciones según la edad y la gravedad del trastorno.

Cuando escribí el primer libro apenas se hablaba de prevención y en todo caso se creía que lo más importante que había que prevenir eran los trastornos del comportamiento alimentario. Hoy en día parece cada vez más evidente que la prevención debería enfocarse hacia la obesidad y especialmente a los comportamientos alimentarios anómalos y al sedentarismo, con lo que hemos ido a parar a una coincidencia en la necesidad de prevenir tanto lo uno como lo otro. Y además no es contradictorio. Voces autorizadas en el campo nos confirman que enseñar unos hábitos alimentarios correctos, enseñar a criticar el modelo estético corporal y su difusión a través de los medios de comunicación, y mejorar la imagen corporal y la autoestima van en el camino adecuado para que los y las ciudadanos/as del día de mañana sean más saludables y más felices.

El libro *Anorexia y bulimia: trastornos alimentarios* se convirtió en una fuente de satisfacción para mí al recibir mucha retroinformación por parte de los/as lectores/as. Creer que pueda ser útil para resolver dudas y/o aumentar el conocimiento respecto de los TCA es lo que me ha motivado más a reescribirlo. Por favor, si necesitan clarificar alguna cosa, díganmelo, me harán un favor.

Atentamente,

Rosa M. Raich

CAPÍTULO 1

Breve historia de Mónica, Ester y Paula

Mónica

Mónica es una chica de 15 años. Estudia bachillerato en un colegio privado y desde hace dos años ha perdido muchísimo peso.

Su familia disfruta de una situación social media-alta. Su padre, con esfuerzo y decisión, ha conseguido escalar un puesto directivo en la empresa, mientras que su madre cuida de la familia y le gusta estar al día en temas culturales. Además de Mónica, hay dos hermanos más pequeños que ella.

Es una chica ágil y cuida su forma. Se levanta muy temprano y corre por las calles de su ciudad, sin perjuicio de que más tarde dedique dos o tres horas a ballet o gimnasia.

Es inteligente y obtiene, no buenas, sino excelentes calificaciones en sus estudios; la verdad es que se esfuerza por conseguirlas.

Además, últimamente está demostrando ser una magnífica cocinera. Prepara unos postres deliciosos y además suele aconsejar certeramente a sus hermanos sobre la nutrición que necesitan para hacer deporte.

¿Cómo es que tiene a sus padres tan preocupados? Le han llevado al médico repetidamente e insisten en que coma más, tanto que en la mesa la situación llega a ser insoportable. Mó-

nica tiene su plato delante, toca y reparte la comida por él, y a veces introduce algún bocado, pero ha de marchar al baño inmediatamente (una vez allí escupe lo que tiene en la boca). Sabemos que en ocasiones esconde comida en los bolsillos o consigue guardarla en la servilleta. Incluso se ha notado un olor desagradable en su habitación debido a que ha dejado restos de comida en escondrijos, y naturalmente se han estropeado...

Mónica era lo que suele denominarse «un hermoso bebé», y después una niña redondita. Recuerda con amargura que su padre le llamaba cariñosamente «mi bolita», y que incluso ahora a veces lo hace. Todo comenzó hace aproximadamente tres años. Tuvo la regla, hizo «el cambio» y notó que su cuerpo se desarrollaba. Horrorizada, comprobó en la báscula del baño que su peso aumentaba. Si ya había sido una niña gordita, ¿qué mujer iba a resultar? Decidió controlar su peso. De una vez por todas iba a conseguir ser atractiva. No quería de ninguna manera convertirse en una gorda despreciable. Comprobó que era muy fácil informarse de cómo ser bella. Podía documentarse ampliamente sobre regímenes dietéticos en muchísimas revistas «femeninas», incluso en los periódicos, en la televisión, en la radio... Sólo yendo de casa a la escuela podía leer gran cantidad de anuncios de productos adelgazantes en las tres farmacias que hallaba a su paso. Aprendió rápidamente qué alimentos eran «saludables» y cuáles «perjudiciales». Si quería ser bella y saludable no debía comer hidratos de carbono (pastas, arroces, legumbres, pan) o grasas en absoluto. En cambio, podía consumir algún tipo de ensalada (muy poco aliñadas, o mejor sin aliñar), algunas frutas (¡aunque prestando atención al azúcar que contienen!) y en ocasiones algún tipo de pescado o carne (andándose con cuidado con la grasa que contienen..., pues se habla mucho del colesterol).

Se convirtió en una experta en calorías. Decidió establecer un plan de dieta racional y controlar su peso diariamente.

Al principio era muy difícil, a pesar de que en ese momento su madre le apoyó totalmente, pero poco a poco consiguió engañar a su apetito y descuidarlo. Naturalmente no sólo debía restringir su ingesta, sino que debía aumentar el gasto calórico. Esto le llevó a aumentar su ejercicio físico.

Bastante pronto se vio muy compensada por las expresiones de sus amigas y de su propia familia: «¡Cómo has adelgazado!», «¡Qué esbelta está Mónica!», «¡Qué delgada estás!»... Estas expresiones le sonaban a gloria, pero no podía quedarse ahí, debía reafirmar su pérdida de peso, continuando con la dieta estricta, ya que si no recuperaría muy deprisa todo lo que había perdido.

Le pasaban algunas cosas, si no desagradables, por lo menos desconcertantes. La regla le desapareció hace ya un año. Esto le preocupaba especialmente a su madre; también a ella, pero menos.

Por otra parte, a pesar de la gran satisfacción que experimenta cada vez que disminuye su talla, hay momentos en que no le gusta mostrar partes de su cuerpo; en la playa, por ejemplo, prefiere la superposición de ropa que se pone en invierno.

Ahora todos le dicen que está demasiado delgada, pero ella no lo ve y cree que debe andarse con cuidado, porque en la duda entre ser demasiado delgada o gorda siempre es mejor lo primero.

Por otra parte, acostumbra a sentir frío y su cabello está muy deteriorado. A veces piensa que tal vez tengan razón y esté demasiado delgada, pero... si comiendo tan poco pasó de 34 a 35 kg ayer, si comiese normalmente lo más probable es que pronto llegara a pesar ¡¡¡70 kg!!!

Ester

Ester tiene 19 años. Estudia periodismo y está empezando a destacar en su carrera. Procura tener una vida independiente, tanto, que últimamente, aunque duerme en casa casi cada día, come separadamente del resto de la familia.

Prepara su propia comida, que es muy rígida (se compone de hamburguesas, manzana y yogur) y la consume en solitario.

Su madre ha aceptado este régimen dietético, aunque no lo considera adecuado. Pero lo que la ha hecho andar de cabeza este último año ha sido la desaparición inmediata de todos los alimentos altos en calorías que compra una vez a la semana.

OJOS SOLARES

Durante muchos meses preguntó a uno y otro si lo habían necesitado o si se lo habían llevado, pero, tras interrogar a toda la familia, descubrió con estupor que el chocolate, las galletas y los otros dulces los consumía Ester. Esto le preocupó terriblemente, ya que sabía cuáles eran las condiciones dietéticas de Ester, pero cuando mantuvo una larga y dramática conversación con ella quedó pasmada al conocer que, tras la ingesta de estos alimentos, Ester vomitaba.

En realidad, hará cosa de un año que esta situación se mantiene. Ester siempre ha estado muy preocupada por su aspecto. Le horroriza aumentar de peso, y con anterioridad al vómito había llevado a cabo varios intentos de control. Se proponía unas dietas muy estrictas, a veces prácticamente ayunaba un día entero, pero, como es natural, su apetito aumentaba terriblemente, y en especial por los alimentos prohibidos. Con mucho dolor vio que sus intentos de restricción chocaban con un apetito extremo, y que cediendo a estos «bajos instintos» (como los denomina ella), consumía desaforadamente grandes cantidades de alimentos prohibidos. Tras la ingesta se sentía fatal. Notaba una hinchazón molesta y sobre todo pensaba que engordaría terriblemente. Aprendió que podía hacer algo para controlar los efectos del atracón. Tomó laxantes y diuréticos, pero lo más efectivo fue provocarse el vómito. Oyó hablar de ello y lo puso en práctica. Al comienzo resultó muy desagradable, pero rápidamente lo convirtió en un hábito, con lo que podía permitirse el lujo de comer lo que quisiera y cuanto quisiera y paliar los efectos «engordantes» de la ingesta.

Ahora se siente desorientada y trastornada. Querría que la comida no controlase su vida, pero no sabe cómo hacerlo. Hay unos pocos alimentos con los que se siente segura, con los que sabe que no va a descontrolarse, pero hay muchísimos otros, los más apetecibles, que le provocan mucho malestar. Actualmente se da cada día un atracón y vomita seguidamente.

Ester se siente una chica rara y solitaria. Jamás va a un restaurante con amigos (tiene miedo a descontrolarse). Conoce a gente que le aprecia, pero nunca podría contarles **su problema.** Sus atracones son su secreto. Cree que jamás podrá ser normal.

Paula

Paula nació hace 20 años. Está terminando sus estudios de informática. No ha sido ni muy buena ni muy mala estudiante, sino normal... Sus preocupaciones se han agudizado últimamente, pero no acerca de sus estudios sino de su peso. Desde que se acuerda le ha preocupado su peso, y siempre se ha sentido demasiado «plump» (según una expresión inglesa que aprendió hace años); es decir, no es obesa, en el pleno sentido de la palabra, pero tiene sobrepeso y le cuesta encontrar ropa a su gusto, cada vez más. Por ello, desde tiempos inmemoriales (le resulta muy difícil decir cuándo empezó) hace dietas duras, se propone comer muy poco, alimentos bajos en calorías, y sigue la dieta de moda del momento. No desayuna, si puede no cena, y a la hora de comer se limita a una ensalada y pescado a la plancha. Se puede decir que tiene más información sobre dietas que muchos nutricionistas. Pero así como cuando tenía 13 años le hicieron efecto enseguida, perdiendo bastante peso en pocas semanas, cada vez le cuesta más perderlo. Cuando es capaz de mantenerse en esta estrictísima situación alimentaria durante una semana, no observa que su báscula le indique una gran bajada de peso. Esto la desanima, pero, lo que es peor, la lleva a saltarse sus propósitos, comer muchísimas cosas que le apetecen y de las que se ha privado todo este tiempo, y de vez en cuando se provoca el vómito.

«La situación no es muy grave (se repite), puedo seguir manteniéndome controlada, pero estoy demasiado «gorda», ¡¡¡qué horrible palabra!!!».

Lo ha probado todo. Incluso durante un tiempo consultó a una nutricionista, que le proporcionó nuevas dietas, pero ni tan eficaces como las suyas, ni tan rápidas en sus efectos.

A veces se pregunta si sufre un trastorno alimentario, pero cree que no.

Su grupo de amigas y amigos está muy atento a las modas, llevando lo último y hablando a menudo de la «gente guapa», estableciéndose así modelos a los que seguir.

1.1. Trastornos alimentarios y problemas relacionados con el peso

En las breves historias de Mónica, Ester y Paula hemos podido observar varios comportamientos que nos resultan muy familiares, sin que los consideremos patológicos: la dieta, la preocupación por la figura, el deseo de agradar... Incluso algunos de ellos pueden parecernos encomiables.

Al lado de éstos, y a veces derivados de ellos, aparecen otros que, sin profundizar demasiado, nos parecen francamente enfermizos: el que Mónica pese tan poco, que «esté en los huesos» y en cambio se vea gorda, el miedo a pesar más, el peligro de muerte en el que incurre, la desaparición de la regla...

En el caso de Ester podemos pensar que el descontrol que presenta respecto de la comida, atracándose de ella y provocándose el vómito a continuación, tomando laxantes y diuréticos exageradamente, no es en absoluto un comportamiento saludable.

Paula realiza unas dietas muy rigurosas, y sólo de manera esporádica realiza alguna conducta extrema de control de peso. A pesar de ello no adelgaza, y lo que sí le pasa es que se preocupa terriblemente por su figura.

Si las analizamos atentamente podremos llegar a la conclusión de que Mónica y Ester presentan graves problemas psicológicos: se sienten deprimidas, sin posibilidad de cambio, no están satisfechas consigo mismas, ni en cuanto a su apariencia física ni en su manera de ser, son unas solitarias y se relacionan con dificultad, se sienten «condenadas» a mantener esos comportamientos y, aunque en algunos de ellos obran opuestamente (Mónica no come y Ester se atiborra), las dos presentan semejanzas: son dos mujeres jóvenes y están muy preocupadas por el peso y la figura.

Éstas son algunas de las características de los llamados trastornos alimentarios.

El término «trastornos alimentarios» se refiere, en general, a trastornos psicológicos que comportan graves anormalidades en el comportamiento de ingesta.

Es decir, la base y fundamento de dichos trastornos se halla en la alteración psicológica. Entre ellos, los más conocidos son la anorexia y la bulimia nerviosas.

Son trastornos graves que afectan a las mujeres mucho más que a los hombres, y preferentemente a mujeres jóvenes y muy jóvenes. Además, son muchísimo más frecuentes en las sociedades desarrolladas, donde hay sobreabundancia de comida y en las que la cultura que predomina enfatiza la delgadez; de hecho, parece que, en la medida que aumenta el nivel de vida, crece de manera geométrica el número de las personas que presentan dichos trastornos o versiones menos graves pero también enfermizas. Suelen asociarse con psicopatología grave e interfieren en el funcionamiento normal de la vida social, de trabajo y de estudio (Rosen, 1990). Pero no sólo existen dichos trastornos alimentarios (AN y BN). Hay otras muchas maneras de comportarse respecto a la comida y el peso, que son muy frecuentes en la población general, y que hasta hace poco no han recibido la atención debida. Son las llamadas «preocupaciones por la comida, el peso y la imagen corporal», o «alteraciones a causa de la comida o el peso». Dentro de ellas podemos situar todos los comportamientos de preocupación por la comida (contar las calorías, medir el contenido en grasa, los efectos engordantes...), por la silueta, las dietas estrictas, hacer atracones, uso y abuso de laxantes, pesarse muy a menudo y, en conjunto, sentirse desgraciada o desgraciado dentro de su piel y a causa de su apariencia y peso. Estos comportamientos pueden hallarse dentro de lo que consideramos la normalidad en la sociedad occidental, pero también incluyen lo que se ha definido como «prácticas extremas de control de peso» (provocarse el vómito, tomar píldoras adelgazantes, abusar de laxantes y/o diuréticos, ayunar durante 24 horas o más, hacer ejercicio extenuante...), que son relativamente frecuentes en adolescentes americanos (Grunbaum et al., 2004) y que, aunque no cabe situarlos dentro de los «trastornos alimentarios» clásicos, sí resultan preocupantes y en absoluto saludables.

1.1.1. ANOREXIA NERVIOSA

La **anorexia nerviosa** es un trastorno grave de la conducta alimentaria en el que la persona que la padece presenta un peso inferior al que sería de esperar por su edad, sexo y altura. El peso se pierde por ayunos o reducción extremada de la comida, pero casi el 50 por 100 de las personas que lo padecen usan también el vómito autoinducido, el abuso de laxantes y/o diuréticos y el ejercicio extenuante para perder peso (Fairburn y Garner, 1986), sin que exista ninguna enfermedad médica que explique la pérdida de peso.

La prevalencia durante la vida (que se refiere al total número de casos que pueden presentar una enfermedad a lo largo de su vida, en una población) de la anorexia nerviosa (AN) está situada en un 0,5 por 100 en mujeres jóvenes (APA, 2000) en Estados Unidos y en Europa. Esto significa que una de cada 200 mujeres puede sufrir AN durante su vida. Últimamente cuatro estudios epidemiológicos han reportado una mayor incidencia, situándola en un 0,9 por 100 en Estados Unidos (Hudson, Hiripi, Pope y Kessler, 2007); 1,9 por 100 en Australia (Wade, Bergin, Tiggermann, Bulik y Fairburn, 2006); 2,0 por 100 en Italia (Favaro, Ferrara y Santonastaso, 2003), y 2,2 por 100 en Finlandia (Keski-Rahkonen, Hoek, Susser, Linna, Sihvola, Raevuori, Bulik, Kaprio y Rissanen, 2007).

Aparece más a menudo en jóvenes adolescentes (de 15 a 19 años) y es una enfermedad muy grave. La mortalidad que provoca es una de las mayores causadas por trastornos psicopatológicos (llega a ser del 9 por 100).

Es mucho más frecuente entre las mujeres que en los hombres. Solamente del 5 al 10 por 100 de los pacientes son hombres. Esta discrepancia de género es una de las mayores que se ha hallado en problemas psiquiátricos (Grilo, 2006).

Este trastorno era ya conocido desde épocas antiguas. En la descripción de la vida de algunas santas aparece claramente explicado, aunque para el autor de estas historias parece un comportamiento encomiable.

La primera descripción clínica de él data de 1873 a cargo de Lasègue, quien la llama «consunción nerviosa». Gull, en 1874, la califica por vez primera de anorexia nerviosa, y publica unos casos clínicos muy bien descritos en los que destaca el carácter «moral» del trastorno (en esta época la palabra «moral» equivale a la nuestra «psicológico»), así como el tratamiento de que se sirve para cambiar este proceso.

Los criterios para el diagnóstico de la anorexia nerviosa de Freighner (Freighner, Robins, Guze, Woodruff, Winokur y Muñoz, 1972) sirvieron para detectar y evaluar este trastorno, pero han cambiado bastante.

TABLA 1.1
Criterios de Freighner para el diagnóstico de la anorexia nerviosa

a) Edad de inicio: 25 años.
b) Anorexia acompañada de una pérdida de peso correspondiente, por lo menos, al 25 por 100 del peso corporal.
c) Una actitud distorsionada e implacable hacia la ingesta, el alimento o el peso, que desatiende hambre, advertencias, certidumbres y amenazas; por ejemplo:

    1. Negación de enfermedad sin reconocer las necesidades nutritivas.
    2. Aparente complacencia con la pérdida de peso, manifestando abiertamente que el rechazo de los alimentos es agradable.
    3. Una imagen corporal deseable de extrema delgadez, evidenciándose que es gratificante para la paciente conseguir y mantener este estado.
    4. Acumulación o manipulación desusada de alimentos.

d) No hay enfermedad médica que explique la anorexia y la pérdida de peso.
e) No hay otro trastorno psiquiátrico, conocido con particular referencia a trastornos afectivos primarios, neurosis obsesivo-compulsiva y fóbica, y esquizofrenia.
f) Al menos dos de las manifestaciones siguientes:

    1. Amenorrea.
    2. Lanugo.
    3. Bradicardia (pulso en reposo de 60 o menos).
    4. Períodos de hiperactividad.
    5. Episodios de bulimia.
    6. Vómitos (pueden ser autoinducidos).

La Sociedad Americana de Psiquiatría ha presentado unos manuales diagnósticos de los trastornos psiquiátricos, los DSM, en los que se describen los criterios que se han de utilizar para el diagnóstico de cualquiera de ellos. Se realizan gracias al consenso de múltiples especialistas y se van renovando a medida que se tiene un conocimiento más preciso de cada alteración. Por ello aparecen en este libro diferentes referencias a dichos manuales. Actualmente está a punto de aparecer la quinta versión (DSM-V).

La edad de inicio de la anorexia ha desaparecido de los criterios diagnósticos posteriores a los de Freighner y adoptados por la American Psychiatric Association (DSM-III, DSM-III-R, DSM-IV, DSM-IV-TR y DSM-V), existiendo un acuerdo en que suele aparecer en la primera adolescencia, hacia los 15 años, aunque en la clínica aparece en edades inferiores y sin que ello implique que no pueda presentarse en personas mayores.

La pérdida de peso que se considera necesaria para la definición de anorexia ha pasado del 25 por 100 de la clasificación de Freighner y del DSM-III, al 15 por 100 en el DSM-III-R y el DSM-IV. Además, a partir del DSM-III se incorporan aspectos evolutivos a la pérdida de peso; es decir, en personas menores de 18 años se calcula el peso que debía haber ganado por crecimiento.

TABLA 1.2
Criterios para el diagnóstico de la anorexia nerviosa en el DSM-III
(APA, 1980)

a)	Miedo intenso a engordar, que no disminuye a medida que lo hace el peso.
b)	Alteración de la imagen corporal; por ejemplo, se queja de «sentirse gordo» aun estando demacrado.
b)	Pérdida de peso de al menos un 25 por 100 del peso original. Por debajo de los 18 años, a la pérdida de peso inicial hay que añadir el peso que le correspondería haber ganado de acuerdo con el proceso de crecimiento, hasta constituir la pérdida del 25 por 100.
d)	Negativa a mantener el peso corporal por encima del mínimo normal para la edad y altura.
e)	Ausencia de enfermedades que justifiquen la pérdida de peso.

Por otra parte, esta clasificación (DSM-III) se centra en aquellos aspectos más relevantes del trastorno (temor al aumento de peso y distorsión de la imagen corporal), dejando de lado aquellos más dudosos.

En la revisión de esta clasificación (DSM-III-R, APA, 1987) se recupera el criterio de la presencia de amenorrea y la especificación más concreta de la alteración de la percepción de la imagen corporal, peso y silueta.

TABLA 1.3
Criterios para el diagnóstico de la anorexia nerviosa en el DSM-III-R
(APA, 1987)

De acuerdo con el Manual Estadístico de Trastornos Psicopatológicos DSM-III-R (APA, 1987), la anorexia nerviosa es un trastorno que se define por las características siguientes:

a) Rechazo a mantener el peso corporal en el mínimo normal correspondiente a la edad y estatura. Pérdida de peso del 15 por 100 por debajo del peso esperado o déficit en la ganancia del peso correspondiente al desarrollo, que conduce a una pérdida ponderal del 15 por 100 por debajo del peso esperado.
b) Intenso miedo a engordar a pesar de estar en infrapeso.
c) Percepción alterada del peso, la configuración y las dimensiones corporales. La persona asegura verse gorda, a pesar de la evidente emaciación, o considera que alguna parte de su cuerpo es demasiado gruesa.
d) En mujeres, ausencia por lo menos de tres ciclos menstruales consecutivos.

En el DSM-IV se expone la clasificación del subtipo bulímico y restrictivo.

TABLA 1.4
Criterios para el diagnóstico de anorexia nerviosa en el DSM-IV
(APA, 1994)

a) Rechazo a mantener el peso corporal por encima de un peso mínimo para su edad y talla. Ej.: pérdida de peso o mantenimiento de éste por debajo del 15 por 100 del esperado. En casos de crecimiento, fracaso en alcanzar el que le correspondería en un 15 por 100 inferior al esperado.
b) Miedo intenso a aumentar de peso o a engordar, aun estando emaciada.
c) Alteración en la manera como se experimenta el peso corporal y la silueta. Influencia exagerada de la silueta o el peso en la autoevaluación, o negación de la seriedad de su bajo peso corporal actual.
d) En mujeres posmenárquicas, ausencia de tres ciclos menstruales consecutivos (amenorrea). Se considera que una mujer tiene amenorrea si sus períodos únicamente ocurren tras la administración de hormonas (ej.: estrógenos).

Subtipo bulímico: Durante el período de anorexia, la persona presenta episodios recurrentes de sobreingesta.
Subtipo restrictivo: Durante el período de anorexia, la persona no presenta episodios recurrentes de sobreingesta.

En la propuesta que hace Fairburn (2008) para el DSM V se establecen las siguientes características:

TABLA 1-5
Criterios para el diagnóstico de anorexia nerviosa propuestos
para el DSM-V por Fairburn (2008)

En esencia son necesarios tres criterios:

a) Sobreevaluación o sobreestimación de la figura o el peso o su control, esto es, juzgando su autovalor o autoestima casi exclusivamente en terminos de forma o peso o su capacidad para controlarlo.
b) Mantenimiento activo de un peso extremadamente bajo (definido típicamente como un peso inferior al 85 por 100 del esperado o por un índice de masa corporal de 17,5 o por debajo de éste).
c) Amenorrea (en mujeres post-puberales).

Sin embargo, el valor de este criterio es cuestionable, y puede que se desaparezca en el DSM-V, ya que la mayor parte de pacientes que presentan los dos criterios anteriores son amenorreicas, y si no lo son se parecen muchísimo a las que sí lo son.

1.1.2. BULIMIA NERVIOSA

La **bulimia nerviosa** (Russell, 1979) es un trastorno severo de la conducta alimentaria en el cual muchos individuos, casi siempre mujeres, presentan frecuentes episodios de voracidad, vomitan habitualmente o, más raramente, toman laxantes o diuréticos para prevenir el aumento de peso. El vómito es autoinducido, y generalmente se produce varias veces a la semana. De acuerdo con Russell, va acompañada de un miedo enfermizo a engordar.

Como la anorexia nerviosa, suele comenzar con dietas restrictivas. De hecho, muchos de estos casos (de AN) desarrollan bulimia nerviosa (Grilo, 2006). A medida que la restricción se intensifica, los individuos experimentan episodios de sobreingesta incontrolables.

La prevalencia de la bulimia nerviosa está situada entre el 1 y el 3 por 100 en mujeres jóvenes y adolescentes (Hudson et al., 2007; Wade et al., 2006; Favaro et al., 2003, y Keski-Rahkonen et al., 2007).

Existe evidencia de que ha aumentado la prevalencia de la bulimia nerviosa y su incidencia (Grilo, 2006).

En su mayoría, los sujetos que presentan bulimia nerviosa son mujeres con un peso normal, aunque también las hay con sobrepeso.

Generalmente se presenta en mujeres más mayores que las que tienen anorexia. La media de edad de aparición está situada alrededor de los 17 años. Al ser un comportamiento secreto y no presentar una pérdida de peso tan acusada, suele pasar desapercibido durante mucho tiempo.

Aunque la anorexia nerviosa es un trastorno más grave, que puede incluso provocar la muerte, tanto ella como la bulimia causan graves alteraciones y déficits.

El término «bulimia» puede hallarse en épocas remotas, pero dentro del significado actual debemos situarnos al comienzo del siglo xx, y en los términos descritos hasta ahora en el último cuarto de este siglo. A. J. Stunkard (1993) explica que en 1970 era una costumbre extendida en mujeres que residían en prestigiosos «colleges». Probablemente ya existía con anterioridad, pero la confirmación definitiva se debe a Russell (1979), que estableció las bases diagnósticas y la descripción de las características.

A partir de dicha fecha aumenta drásticamente el interés por el estudio de este trastorno, y en la publicación del DSM-III-R se incluyen los criterios diagnósticos.

TABLA 1.6
Criterios para el diagnóstico de bulimia nerviosa en el DSM-III-R

a)	Episodios recurrentes de voracidad (rápida ingesta de grandes cantidades de comida en un período corto de tiempo).
b)	Sensación de falta de control durante el episodio bulímico.
c)	Utilización regular del vómito autoinducido, abuso de laxantes, diuréticos, dietas restrictivas, ayuno o ejercicio intenso para prevenir la ganancia de peso.
d)	Un promedio mínimo de dos episodios bulímicos semanales durante al menos los tres últimos meses.
e)	Preocupación intensa por el peso y la línea.

Fuente: APA, 1987.

Se propusieron modificaciones para el DSM-IV.

TABLA 1.7
Criterios diagnósticos de bulimia nerviosa en el DSM-IV
(APA, 1994)

---

a) Episodios recurrentes de ingesta compulsiva. Un episodio de sobre-ingesta se caracteriza por:

- Comer en un período discreto de tiempo (por ej., durante dos horas) una cantidad de comida, que es superior a la que la mayoría de la gente comería durante un período de tiempo similar y en circunstancias parecidas.
- Sentimiento de falta de control sobre la ingesta durante este episodio (por ej., sentir que uno no es capaz de parar de comer o de controlar la cantidad que está comiendo).

b) Conductas recurrentes inadecuadas para compensar y prevenir el aumento de peso, como vómito autoinducido, abuso de laxantes, diuréticos u otras medicaciones, ayuno o ejercicio excesivo.
c) Los episodios de sobreingesta y las conductas compensatorias inadecuadas ocurren, al menos, dos veces a la semana durante tres meses.
d) La autoestima está excesivamente influida por la figura y el peso.
e) El trastorno no ocurre exclusivamente durante episodios de anorexia nerviosa.

TIPOS:

Tipo «purgativo»: La persona usualmente se autoinduce el vómito o abusa de laxantes y/o diuréticos para prevenir el aumento de peso.
Tipo «no purgativo»: La persona usa otras conductas compensatorias no purgativas, como ayuno o ejercicio excesivo, pero no se provoca el vómito ni abusa de laxantes y/o diuréticos.

Los criterios diagnósticos no han cambiado de una manera espectacular, pero existe una necesidad de precisión, al menos en algunos de ellos, que ha llevado a realizar algunas alteraciones a las primeras propuestas. Por ejemplo, el criterio que define los episodios de sobreingesta se ha intentado precisar mucho más en los criterios propuestos para el DSM-IV, ya que se incluye tanto la ingesta de grandes cantidades de comida como la sensación de descontrol.

En la tabla 1.7 puede observarse que se introduce la clasificación de las bulimias en «tipo purgativo» y «tipo no purgativo», comprendiendo este último subapartado a las personas que para prevenir el aumento de peso tras los atracones utilizan el ejercicio extenuante o los ayunos, pero no se provocan el vómito, ni abusan de laxantes o diuréticos. (Se usa el vocablo inglés «purgativo», que define en una sola palabra los actos de autoinducirse el vómito y abusar de laxantes o diuréticos, por ser ampliamente utilizado en la literatura y resultar de fácil comprensión.)

Fairburn (2008) describe un resumen de las características básicas de la bulimia nerviosa que propone para figurar en el DSM-V. Para ello, enfatiza los tres aspectos esenciales, a saber, la preocupación por el peso y la figura y su relación con la autoestima, la presencia de atracones y el uso de comportamientos extremos de control de peso.

TABLA 1.8
Criterios para el diagnóstico de bulimia nerviosa propuestos para el DSM-V
por Fairburn (2008)

En esencia, son necesarios tres criterios:

1. Sobreestimación de la figura, el peso y su control, como en la AN.
2. Atracones recurrentes. Un atracón se caracteriza por la ingesta de una enorme cantidad de comida objetivamente y por el sentimiento de pérdida de control durante éste.
3. Conductas extremas de control del peso (dieta estricta, vómito autoinducido, abuso de laxantes y diuréticos...).
4. Hay un criterio a añadir, y es que no se puede diagnosticar al mismo tiempo bulimia nerviosa a una paciente que ha recibido el diagnóstico de anorexia nerviosa.

1.1.3. OTROS TRASTORNOS: «TRASTORNOS DEL COMPORTAMIENTO ALIMENTARIO NO ESPECIFICADOS (TCANE)»

La realidad humana es difícilmente encasillable en los moldes diagnósticos, y actualmente se están desarrollando nuevos conceptos que encajan dentro del contexto de los trastornos alimentarios.

Se añadió en el DSM-IV una propuesta que permitía incluir otros trastornos que no llegan a presentar todas las características descritas en las clasificaciones anteriores: «Trastornos alimentarios no especificados en otra clasificación (TCANE)».

En conjunto, se describen seis trastornos, pero los cuatro primeros son síndromes incompletos de anorexia nerviosa y bulimia nerviosa (tabla 1.9), que probablemente (Fairburn, 2008) quedarán incluidos en las nuevas versiones de AN y BN del DSM-V. El TCANE 5 probablemente desaparecerá en nuevas versiones, ya que se refiere a un comportamiento particular (masticar y escupir grandes cantidades de comida pero sin tragarla) que puede presentarse en cualquier trastorno.

Finalmente, la última propuesta se refiere al trastorno por atracón, del que hoy en día existe bastante evidencia empírica, y que explica el comportamiento alimentario de aquellas personas que no pueden controlar el consumo de alimentos, que ingieren una gran cantidad de comida en un período discreto de tiempo, pero que posteriormente no realizan maniobras como provocarse el vómito para reducir los efectos engordantes de su sobreingesta.

TABLA 1.9
Criterios propuestos para el diagnóstico de los trastornos alimentarios no especificados en otras categorías (TCANE), DSM-IV

Trastornos de la alimentación que no alcanzan el criterio para ser diagnosticados en los anteriores trastornos alimentarios:

1. Se cumplen todos los criterios para el diagnóstico de anorexia nerviosa, pero la persona mantiene una menstruación regular.
2. Se cumplen todos los criterios de anorexia nerviosa, excepto la pérdida de peso, que está dentro de la normalidad.
3. Se cumplen todos los criterios de bulimia nerviosa, pero los episodios de sobreingesta ocurren con una frecuencia inferior a dos veces por semana y su duración es inferior a tres meses.
4. Una persona con peso normal lleva a cabo conductas de control del peso inadecuadas tras comer pequeñas cantidades de comida; por ejemplo, provocarse el vómito tras consumir dos galletas.
5. Una persona que mastica y escupe grandes cantidades de comida pero no la traga.
6. Episodios recurrentes de sobreingesta en ausencia de las inadecuadas conductas compensatorias de la bulimia nerviosa; véase «trastorno por atracón».

El trastorno por atracón (tabla 1.10) presenta una prevalencia a lo largo de la vida de 3,5 por 100 para mujeres y 2,0 por 100 entre los hombres (Hudson et al., 2007), aunque hay mucha discrepancia entre estudios. Es también más frecuente en las mujeres que en los hombres, pero la diferencia es mucho menor que en la AN y la BN. La media de edad de aparición está situada en los 25 años para las mujeres y los 21 para los hombres. Hay cierta evidencia de que ha aumentado la cantidad de las personas que lo padecen. Aún no hay muchos estudios que describan el curso de este trastorno, pero algunos autores (Fairburn, 2008) explican que un 8,3 por 100 de los sujetos que lo padecen pasan de presentar trastorno por atracón a bulimia nerviosa, y un 5 por 100 pasan a TCANE. Probablemente será propuesto como síndrome en el DSM-V (Allison y Lundgren, 2010).

Allison y Lundgren (2010) plantean la posibilidad de incluir el síndrome de comida nocturna en los manuales diagnósticos,

TABLA 1-10
Criterios propuestos en el DSM-V para el «trastorno por atracón»

---

a) Episodios recurrentes de voracidad. Un episodio de voracidad se caracteriza por:

- Comer en un período concreto de tiempo (por ej., dos horas) una cantidad de comida que es mucho mayor de lo que la mayoría de la gente podría comer en el mismo tiempo y en circunstancias parecidas.
- Sentimiento de pérdida de control durante este episodio (por ej., sentimiento de que no puede parar de comer o de no poder controlar lo que come ni la cantidad).

b) Los episodios de voracidad están asociados por lo menos a tres de las condiciones siguientes:

- Comer mucho más rápido de lo normal.
- Comer hasta sentirse desagradablemente lleno.
- Comer mucho a pesar de no sentirse hambriento.
- Comer sólo porque le avergüenza cuánto come.
- Sentirse a disgusto, deprimido o muy culpabilizado después de comer.

c) Marcado malestar respecto a sus «atracones».

d) Los atracones aparecen al menos dos veces a la semana y durante seis meses.

e) El trastorno no está asociado con el uso de conductas compensatorias inadecuadas (conductas purgativas, ayuno o ejercicio físico excesivo), y no ocurre durante el curso de la anorexia o la bulimia nerviosas.

y hay propuestas sobre el trastorno purgativo, que vendría a ser el TCANE 4, es decir, la persona que se provoca el vómito y que abusa de laxantes y/o diuréticos tras una ingesta que sería considerada normal en cantidad.

TABLA 1.11

Criterios propuestos para el diagnóstico del síndrome de comida nocturna en el DSM-V

---

1. El patrón de comida diaria se caracteriza por un aumento de la ingesta durante la tarde y/o noche, con las características siguientes:
   - Por lo menos el 25 por 100 de la ingesta se consume después de la comida.
   - Por lo menos dos episodios de comida nocturna a la semana.
2. Existe conciencia de los episodios de comida nocturna.
3. Presenta por lo menos tres de las condiciones siguientes:
   - Falta de apetito por la mañana. No desayuna cuatro o más días a la semana.
   - Presencia de una gran urgencia de comer después de la cena o durante la noche.
   - Insomnio de inicio o mantenimiento cuatro o más noches a la semana.
   - Presencia del convencimiento o creencia de que uno debe comer para poder iniciar o mantener el sueño.
   - Estado de ánimo depresivo y que empeora a lo largo de la tarde.
4. El trastorno se asocia a un gran malestar o dificultad en el funcionamiento.
5. El patrón de ingesta trastornado se ha mantenido al menos tres meses.
6. El trastorno no es secundario a abuso de sustancias, dependencia o enfermedad física, medicación u otro trastorno psiquiátrico.

De cualquier manera, hasta la fecha se trabaja con el concepto de AN, BN y TCANE (incluyendo entre ellos el trastorno por atracón).

El gráfico presente en la figura 1.1 (inspirado en Fairburn y Wilson, 1993) intenta describir estos trastornos en base al control de la ingesta y el estatus nutricional.

Fairburn (2008) presenta una reflexión/teoría ciertamente interesante. Basándose en su experiencia de más de treinta años, afirma que los trastornos alimentarios son esencialmente trastornos cognitivos y presentan una sintomatología nuclear que está anclada en:

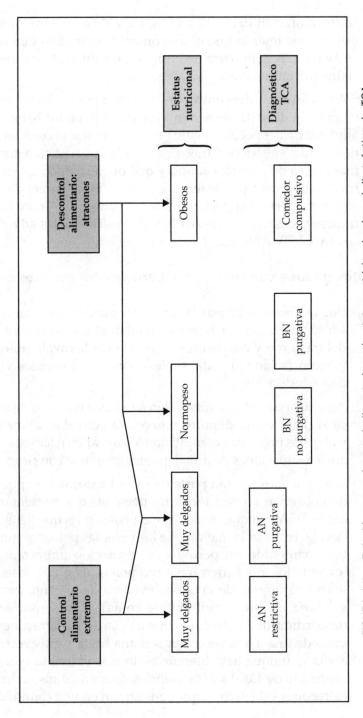

FIGURA 1.1.   Relación entre el control alimentario y el estatus nutricional sobre el diagnóstico de TCA.

• Sobrevaloración del peso y la figura y de su control, que estima más intensa que el descontento normativo que se encuentra en gran parte de la población sin TCA, y especialmente en mujeres.

• Sobrevaloración del control de la ingesta per se. La sobrevaloración descrita tiene su mayor impacto en los hábitos alimentarios; específicamente pretende limitar el consumo de comida: «restricción dietética» por la que se dictan normas acerca de cuánto, cuándo y qué puede comer. La restricción impuesta puede tener éxito o no. En el primer caso se pierde peso, y el paciente puede estar en un grave infrapeso y desarrollar efectos físicos y psicosociales adversos (AN y TCANE 2).

Estos efectos secundarios son importantes por tres razones:

1. Pueden llegar a causar la muerte o pueden ser irreversibles (efectos en los huesos); ayudan al mantenimiento del trastorno y pueden ser tremendamente invalidantes (concentración reducida, sueño pobre, elevada obsesividad e indecisión).

2. Algunos pacientes realizan ejercicio físico excesivo (ejercicio físico como deporte o excesiva actividad diaria), y algunos presentan compulsión a realizar ejercicio físico aun en situaciones de difícil mantenimiento o con riesgo.

3. Los atracones forman parte de estos trastornos. Se pueden observar en casi todas las personas que presentan algún TCA, aunque es menos frecuente en las que tienen AN. Lo realizan la mayoría de las veces las personas que han mantenido un período de restricción importante (excepto los que sufren trastorno por atracón), y consiste en una ingesta de lo que la mayoría de la gente consideraría una gran cantidad de comida, con sensación de pérdida de control. La frecuencia de los atracones varía de una a dos veces por semana hasta varias veces al día y, aunque hay diferencias, lo más corriente es un contenido de 1.000 a 2.000 calorías. Existen asimismo los «atracones subjetivos», que consistirían en una cantidad

de comida que la mayor parte de personas consideraría normal, pero que la que lo ingiere considera que es una cantidad excesiva.

Otro de los comportamientos centrales de los TCA son las conductas purgativas, que pueden ser «compensadoras» o «no compensadoras». En el primer caso, se producen tras un episodio de sobreingesta y sirven para compensar los efectos engordantes del atracón, mientras que en el segundo caso son una forma rutinaria de control de peso y no siguen a un atracón.

Finalmente, hallamos personas que ingieren grandes cantidades de comida, con sentimiento de pérdida de control y sin conductas purgativas. Éstas serían las que se presentan en el «trastorno por atracón«. Obviamente su peso aumenta, y en muchas ocasiones están en un nivel de sobrepeso u obesidad.

Los síntomas que hallamos en las personas que tienen TCA serían:

- Dieta extrema o ayuno.
- Atracones.
- Una combinación de ambas.

En prácticamente todas las descripciones aparece:

- Preocupación por el peso y la figura.
- Percepción alterada del peso, configuración y dimensiones corporales.

En todos los trastornos en los que lo que predomina es la sobreingesta, aparece:

- Sentimiento de falta de control sobre la ingesta.

Las consecuencias de los trastornos alimentarios son:

- Pérdida de peso.
- Aumento de peso.
- Amenorrea.

Las coincidencias y las respuestas parecidas entre los diferentes diagnósticos han llevado a Fairburn a presentar su Modelo Transdiagnóstico, que presentaremos más adelante y que implica casi una única clasificación para todos los TCA.

1.1.4. ALTERACIONES ALIMENTARIAS Y PROBLEMAS RELACIONADOS CON EL PESO

Por otra parte, existe evidencia de que los diagnósticos pormenorizados no alcanzan a describir las preocupaciones por el peso, la comida y la figura. Grilo (2006) y otros muchos autores afirman que la descripción psicopatológica de los trastornos no considera la importancia que en las sociedades occidentales industrializadas (y en las que están en vías de industrialización) tiene la presión hacia la esbeltez y la exigencia de un cuerpo perfecto. Estas presiones repercuten en un gran descontento con el propio cuerpo y en una gran preocupación por el peso, que aunque no llegue a producir trastorno alimentario sí alimenta una gran insatisfacción corporal (lo que Rodin, Silverstein y Striegel-Moore, en 1985, llamaron «descontento normativo» en las mujeres) y una enorme preocupación por la comida, que puede llevar a comportamientos no saludables de control del peso, como por ejemplo: pasar hambre, saltarse comidas o no comer, e incluso a realizar conductas extremas de control de peso (provocarse el vómito, abusar de laxantes y/o diuréticos y dietas muy restrictivas o ayunos) (Neumark-Sztainer, Wall, Eisenberg, Story y Hannan, 2006).

El descontento con el propio cuerpo que aparece en una gran cantidad de mujeres, y en menor medida, pero también, en hombres, es fruto de la situación social actual que, por una parte, exige una gran perfección corporal y, por otra, sumerge en el llamado «ambiente tóxico». Henderson y Brownell (2004) afirman: «vivimos en un entorno «tóxico» (bombardeo de estímulos alimentarios, estilo de vida que hace del comer una mera necesidad fisiológica que hay que cubrir pronto con comida «rápida», y una inactividad que inunda trabajo y ocio), con un exceso de comida y un espectacular aumento de la obesidad».

En la figura 1.2 queda representada la diferente magnitud de los trastornos alimentarios respecto a la preocupación por el peso, la comida y la figura, tal como Grilo (2006) lo ha ejemplificado.

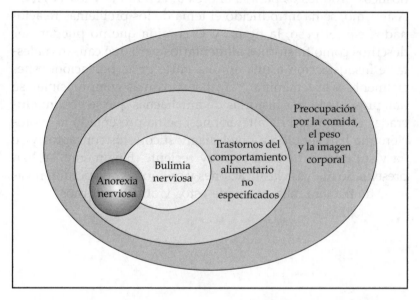

FIGURA 1.2.   Representación esquemática de trastornos de la alimentación y preocupación por la comida, el peso y la imagen corporal, inspirada en Grilo, 2006.

En esta figura está groseramente ejemplificada la diferente proporción de personas que pueden estar preocupadas por el peso, respecto de las que presentan algún tipo de TCA.

Si se considera que existe un *continuum* dimensional que va desde la persona que presenta insatisfacción corporal a la que está entrampada en un trastorno grave de TCA, podemos creer que es necesario trabajar desde la base y comenzar a actuar con las personas que presentan esta insatisfacción para prevenir una evolución insana y, lo que es más importante, para disminuir o hacer desaparecer el malestar normativo y permitir una vida más activa, alegre y entusiasta a la gran cantidad de personas que lo padecen. La prevención universal (dirigida a la gran mayoría de la población) enfoca esta problemática.

Resumen

En este capítulo se ha introducido el concepto de trastornos alimentarios y se han presentado los diferentes criterios diagnósticos propuestos para la anorexia, la bulimia y los TCANE. Asimismo, se ha introducido el tema de los problemas relacionados con el peso, la figura y la comida que no pueden ser descritos como trastornos alimentarios pero que causan malestar e insatisfacción a una amplia parte de la población, especialmente a la femenina. Para hacerlos más comprensibles se han presentado tres historias de muchachas que se ven involucradas en este tipo de alteraciones. Se ha presentado la evolución que han seguido a nivel diagnóstico estos conceptos y se ha visto que su historia es muy reciente. Finalmente, se han presentado nuevas clasificaciones y opiniones que permiten valorar de manera más adecuada estos y otros trastornos.

CAPÍTULO 2

Características clínicas

La persona que sufre un trastorno alimentario presenta una serie de características que, aunque evidentemente pueden variar mucho de unas a otras, tienen varios puntos comunes. Aquí se presentan los aspectos cognitivos, conductuales y emocionales que se encuentran con una mayor frecuencia en dichos trastornos.

Como se ha dicho anteriormente, se trata de problemas psicológicos, y su característica nuclear es de naturaleza cognitiva, existiendo habitualmente una coherencia entre pensamiento, conductas y emociones.

Aquí se describen las cogniciones, percepciones, conductas y emociones más comunes en las personas que sufren dichos trastornos.

2.1. Cogniciones

Hay dos principales teorías cognitivas de los trastornos alimentarios (TCA). Uno de ellos fue desarrollado para la anorexia nerviosa (Garner y Bemis, 1982) y el otro para la bulimia nerviosa (Fairburn, Cooper y Cooper, 1986).

Ambas teorías subrayan la importancia de las autodeclaraciones, los supuestos básicos o creencias disfuncionales y el

apoyo que estos aspectos ejercen un papel causal en el mantenimiento de los comportamientos y actitudes de los TCA. De hecho, tal como se ha señalado anteriormente, Fairburn (2008) defiende que los TCA son esencialmente «trastornos cognitivos». Estas creencias tienen un significado especial y son disfuncionales debido a su carácter rígido y extremo y a sus consecuencias sobre las actitudes y el comportamiento (Fairburn et al., 1986).

Además, desde el punto de vista clínico, los resultados obtenidos por otros autores (Cooper, Todd y Wells, 1998; Wilson y Fairburn, 2002) también subrayan la importancia de identificar y combatir las creencias disfuncionales en el proceso terapéutico de la anorexia y la bulimia nerviosa, para que el tratamiento sea efectivo y evitar las recaídas.

Garner y Bemis (1982, p. 142) declararon que las personas con anorexia nerviosa sufren algunas distorsiones cognitivas, que son específicas para su trastorno, como por ejemplo «La suposición de que el peso, la forma o la delgadez puede servir como el único o principal referente para inferir el valor personal o autoestima». Estos autores han sistematizado una serie de distorsiones cognitivas, según Beck (1976), como las siguientes:

Abstracciones selectivas, es decir, llegar a conclusiones a partir de la consideración exclusiva de aspectos parciales. Un ejemplo puede ser el pensamiento de «si como siquiera una galleta me descontrolaré y comeré doscientas».

Generalizaciones excesivas, por ejemplo: «Si no he programado por la mañana lo que voy a comer, es mejor que no me arriesgue y no coma nada» o bien «Nunca tengo hambre».

Magnificación de consecuencias negativas, por ejemplo: «Si he pasado de 34 a 35 kg comiendo solamente esto, jamás podré comer normalmente porque enseguida pesaría 70 kg».

Pensamiento dicotómico o de «todo o nada»: «Mejor que no coma nada durante el día, porque podría tener una crisis y hartarme de comer» o «Si me he dado un atracón debo ayunar tres días completos, por lo menos» o «Si como un poco de estos alimentos prohibidos, me atracaré de ellos porque no podré controlarme».

Ideas autorreferenciales. Un ejemplo: «Cuando como, parece que todo el mundo me mira».

Pensamiento supersticioso: «Mi cuerpo es como una bolsa en la que se deposita, aumentando el peso, cualquier cosa que ingiera».

A. Saggin (1993) presentó estos otros ejemplos de distorsiones cognitivas en cuanto a la comida:

Inferencia arbitraria: «Si comes a gusto, engordas» y «Si primero como la verdura y después otros alimentos, absorberé menos calorías».

Pensamiento dicotómico: «Las comidas sanas no engordan, las poco saludables sí». «Debo mantener siempre mi dieta, porque mi metabolismo es tal que si tomo algún alimento prohibido, engordo».

Uso selectivo de la información: «Sé que el pan y la pasta son buenos para la salud, pero jamás los he encontrado recomendados para mi signo zodiacal, y por ello no los como». «La actividad física quema calorías; por tanto, yo sólo puedo comer aquello que consuma haciendo ejercicio».

Hipergeneralización: «No puedo entrar en un bar sola porque una vez lo hice y me comí tres brioches».

Magnificación de lo negativo: «No conseguiré controlarme nunca», «no adelgazaré jamás».

En cuanto al peso y la figura, muchas de las cogniciones que presentan quedan reflejadas en la *Docena sucia* de T. Cash (1997) en su descripción de los pensamientos automáticos más frecuentes.

El primero de esos pensamientos es *la bella o la bestia,* un pensamiento dicotómico por el que se cree: «O soy atractiva o soy fea», «O peso lo que quiero o estoy gorda». En este pensamiento de blanco o negro no se presentan tonalidades de gris, no se aceptan aspectos parciales positivos, y, como ser perfecto es muy difícil, uno decide considerarse un desastre o imponerse unos regímenes terriblemente drásticos para intentar aproximarse al ideal.

El segundo es el *ideal irreal,* que se refiere al uso del ideal social como un estándar de apariencia aceptable. Los sentimientos de fealdad aparecen al compararse con los ideales que la cultura y la sociedad imponen en este momento. Desde las revistas y la televisión se bombardea con imágenes en las que se destaca el peso, la altura, la figura, la estructura corporal, la muscularidad, la tonalidad de la piel, el color del pelo, la textura... La verdad es que los estándares varían con el tiempo, y que incluso las personas que presentan o se asemejan más a estas características tampoco están satisfechas con ellas (la investigación que se lleva a cabo sobre la imagen corporal nos confirma que personas objetivamente muy bellas no se vean como tales y sufran por ello).

La *comparación injusta* es la tercera y se asemeja a la anterior, sólo que se concreta en que uno se compara con gente a la que encuentra en situaciones diarias. Usualmente la comparación está llena de perjuicios, escogiendo solamente a aquellas personas que presentan las características que le gustaría tener. Los sentimientos de envidia e insatisfacción se incrementan con la comparación injusta. Son ejemplos de estos pensamientos: «Desearía ser tan atractiva como aquella persona», o «Esta persona ¡me hace sentir tan fea!».

La *lupa* expresa cómo se centra la atención sólo en las partes que se consideran más negativas de la propia apariencia. Un ejemplo de este error sería: «Mis caderas son tan horriblemente anchas que destruyen todo mi aspecto».

La *mente ciega* es la otra cara de la moneda del pensamiento anterior. Es aquel pensamiento que minimiza o descuida cualquier parte del cuerpo que pueda considerarse atractiva.

La *fealdad radiante* consiste en empezar a criticar una parte de la apariencia, y continuar con otra y con otra hasta conseguir hacer una gran bola de nieve en la que se consigue destruir cualquier aspecto de su apariencia.

El *juego de la culpa* dictamina que es el aspecto corporal el culpable de cualquier fallo, insatisfacción o desengaño, aunque en principio no esté relacionado en absoluto.

La *mente que lee mal* es la distorsión que hace posible «leer» o interpretar la conducta de los demás en función de algún fallo en la apariencia. Ejemplos de ella serían: «La gente no es simpática conmigo por mi peso» o «No tengo novio porque soy gorda». De hecho, son suposiciones sin fundamento real. Normalmente, las personas que las practican dan por supuesto que ésta es la única y verdadera causa y, lo que es peor, obran en consecuencia.

La *desgracia reveladora* es la predicción calamitosa de desgracias futuras que sucederán por culpa de la apariencia: «Nunca me amarán debido a mi apariencia» o «Siempre fracasaré porque no tengo una apariencia suficientemente atractiva». Se usan con gran profusión los «nuncas y siempres».

El error de la *belleza limitadora* es similar al anterior pensamiento. Consiste en poner condiciones a las cosas a realizar que en realidad las hacen imposibles: «No puedo ir a gimnasia para perder peso hasta que no pierda peso» o «No puedo ir a esa fiesta a no ser que pierda 10 kg».

Sentirse fea es un error cognitivo que consiste en convertir un sentimiento personal en una verdad universal. El que una persona se sienta fea no quiere decir que lo sea, ni que los demás lo piensen, ni que en otras ocasiones ella misma pueda sentirse bien consigo misma.

Finalmente, el *reflejo del malhumor* sería el traspaso del malhumor o preocupación causada por cualquier acontecimiento, al propio cuerpo. Un día estresante, un examen difícil o un disgusto con una amiga pueden ser en realidad la causa del malhumor, pero acaba achacándose a algún aspecto de la apariencia.

La *Docena sucia* contiene pensamientos que pueden a su vez enmarcarse en muchas de las distorsiones cognitivas antes citadas y en varias de ellas a la vez, tal como suele suceder en las clasificaciones de aspectos cognitivos, que no son categorías exclusivas pero tienen un valor didáctico apreciable, ya que permiten criticar aquello que hasta el momento se consideraba una verdad incuestionable.

Aunque estos pensamientos (ni los referidos a la comida, ni los referidos al cuerpo) no son exclusivos de los trastornos alimentarios, la persistencia y credibilidad que se les atribuye puede considerarse etiológica y mantenedora.

No podemos terminar este apartado sin citar las expectativas, atribuciones y creencias irracionales, que igualmente juegan un gran papel en el desarrollo y mantenimiento de los trastornos alimentarios.

Las expectativas de obtener el aprecio de los demás pueden mover a realizar dietas drásticas. Las atribuciones de valor sobre sí misma se hacen en función del peso y la figura, y las creencias irracionales se mantienen sin llevar a cabo ninguna verificación.

2.2. Percepción e insatisfacción corporal

Una de las cosas que ha llamado la atención de los clínicos desde los comienzos del estudio de los trastornos alimentarios ha sido el que muchachas que presentan un aspecto esquelético, es decir, están extremadamente delgadas, pueden afirmar con gran convencimiento que se ven gruesas, o pueden admitir que están delgadas pero que es mejor mantenerse así que engordar. Esta incongruencia con la opinión externa ha llevado a desarrollar muchos estudios en los que se evalúa, a través de diferentes procedimientos, la percepción de las medidas corporales.

En una gran cantidad de trabajos se ha demostrado que las personas anoréxicas y bulímicas tienden a sobreestimar su tamaño corporal, es decir, creen que son mucho más gruesas de lo que son, de modo que la fotografía mental de su cuerpo no corresponde con una estimación objetiva.

A partir de las primeras publicaciones sobre el tema se desarrolló muchísima investigación, en la que se utilizaron diferentes métodos de evaluación, desde los más sencillos a los más sofisticados, se compararon las estimaciones corporales de las pacientes con muestras de la población general y entre grupos de pacientes con diferentes alteraciones (anoréxicas y bulímicas), y se llegó a diferentes conclusiones (véase Mora y Raich,

1993a y Raich, 2006). Tal vez la más importante es la de que las pacientes con trastornos alimentarios tienden en general a sobreestimar el tamaño de su cuerpo más que los grupos controles, que esto no es debido a fallos perceptivos, y que la insatisfacción corporal no es una consecuencia de la percepción alterada sino que parece ser realmente la causa. La evaluación de un objeto como el propio cuerpo, tan altamente correlacionado con la autoestima y tan valorado socialmente, amenaza el propio valor y produce ansiedad, con lo que no se favorece la objetividad en la medición.

2.3. Comportamiento

En la anorexia nerviosa restrictiva los comportamientos más relevantes están totalmente encaminados a la reducción de la ingesta y al incremento del gasto calórico. En la breve historia de Mónica hemos visto cómo su jornada habitual está llena de actividades que le permiten el gasto calórico («footing», gimnasia, ballet...), la reducción de su ingesta y manipulaciones y engaños para que su familia no se entere ni le controle lo poco que come.

En la bulimia nerviosa la reducción de la ingesta se alterna con los períodos de «atracones» o sobreingesta. En la breve historia de Ester hemos podido ver que alterna unas dietas rígidas con unos episodios de sobreingesta que requieren a su vez preparativos como compra, almacenamiento y consumo solitario de alimentos altos en calorías. Los comportamientos que siguen a estos episodios son, en este caso, el vómito autoinducido y el abuso de laxantes y diuréticos.

Paula no sufre un TCA, pero presenta una gran insatisfacción corporal y hace dietas, ayunos o incluso comportamientos extremos de control de peso para intentar adelgazar, pero ni lo consigue ni se siente mejor.

Las relaciones con la familia, con los compañeros de estudio y con las demás amistades se ven igualmente influidas por el problema dominante. Especialmente en las dos primeras hemos podido observar una gran dificultad en sus relaciones sociales. Ésta es otra de las características de los trastornos alimentarios.

La dieta, aunque difícilmente podríamos calificarla de categoría patológica debido a su uso generalizado, es el primer paso en la escalada de los trastornos alimentarios. La dieta puede consistir en: *a*) supresión o restricción de determinados tipos de comida, como los altamente calóricos o los que la persona considera que lo son; *b*) ayuno o supresión prácticamente total de ingesta durante uno o varios días, y *c*) reducción de la cantidad que se consume de cualquier tipo de alimento. Las personas que sufren estos trastornos pueden utilizar una de estas formas o todas a la vez, o alternarlas en función de diferentes parámetros. En muchas ocasiones la dieta estricta va seguida del comportamiento más diferente: el atracón, el cual puede ser preparado con anterioridad o improvisado.

Otros comportamientos que suelen hallarse en los TCA son el aumento exagerado de la actividad física (tanto de la que se hace cotidianamente: subir escaleras, mantenerse en pie en lugar de sentarse, no echarse en cama..., como la práctica deportiva intensa) y comportamientos específicos relacionados con la comida y con el cuerpo. Hace ya muchos años que se han descrito como actividades de riesgo de TCA los deportes que exigen un cuerpo delgado (ballet, gimnasia rítmica, fondo...) o los deportes que tienen muy presente el peso corporal, como el boxeo, la lucha o la halterofilia, al hallar un enorme aumento de la prevalencia de estos trastornos entre sus practicantes (para una revisión en profundidad, véase Toro, 2004).

Podemos observar, asimismo, otros comportamientos relacionados con la apariencia física. La persona que tiene un pobre concepto de sí misma físicamente llega a realizar muchas conductas que los psicólogos llaman de evitación activa y pasiva.

Evitar situaciones que provoquen preocupación por la apariencia física, como no asistir a encuentros en los que la persona cree que su físico va a ser objeto de escrutinio, o donde va a encontrar a otras personas que considera más favorecidas que ella misma, llevar ropa holgada y no atreverse a usar vestidos más apretados o «reveladores», evitar intimidad física o comer menos, serían ejemplos de evitación pasiva. Por otra parte, mirarse muy a menudo en el espejo, pesarse cada día e incluso varias veces al día, o preguntar a los demás, insistentemente, cómo te ven, para reasegurarse de la propia apariencia, serían conductas de evitación activa.

Los pacientes con trastornos alimentarios que distorsionan o devalúan su apariencia aprenden a reducir su ansiedad, evitando determinadas situaciones que podrían provocarla. Cuando se relajan al no asistir a una de estas reuniones sociales aumentan la probabilidad de no asistir en el futuro, puesto que huir de la aversión es una de las cosas más gratificantes que existen, y por tanto aumentan en gran medida sus dificultades de relación social (Rosen, 1990).

Muchos de estos comportamientos aparecen en personas que no llegan a experimentar un trastorno alimentario, pero que forman parte de las «preocupadas» o infelices por su peso.

2.4. Estado de ánimo

Los sentimientos que predominan en las pacientes de estas alteraciones son negativos. Metidas en el callejón sin salida del intento de control sobre la comida para cambiar su cuerpo, se ven a su vez controladas por este problema. Sentimientos de tristeza y llantos frecuentes son característicos. Así pues, no es de extrañar que Pope y Hudson (1985), al observar que la *depresión* era tan frecuente en la bulimia, sugirieran que era simplemente una variante del trastorno afectivo. Aunque ésta es una teoría muy atractiva, otros estudios han concluido que es más una consecuencia que la causa.

Estudios clínicos han hallado que la depresión está asociada a muchos casos de anorexia, bulimia y, en general, a todos los trastornos alimentarios.

Ansiedad

El miedo que experimentan por su propio cuerpo, especialmente a la ganancia de peso e igualmente hacia la comida, en particular a determinados tipos de comida, se puede definir como de tipo fóbico; de hecho, en el tratamiento de los trastornos alimentarios se han de utilizar muchas de las técnicas de reducción de ansiedad.

El patrón de sueño más característico es de ansiedad: poca profundidad de sueño y despertares frecuentes durante la noche. Sólo por hacer una dieta estricta ya se influye en la profundidad del sueño (Lacks, 1987; Hauri y Linde, 1990), y en el caso de los trastornos alimentarios es una práctica frecuente.

Trastornos obsesivo-compulsivos

Pensamientos circulares, repetitivos y persistentes sobre la comida y el peso, comportamientos rituales y comprobaciones repetidas se observan en personas que sufren anorexia nerviosa. Casi podrían describirse como obsesivo-compulsivas. Además, varios investigadores han hallado relación entre estos trastornos. Kaviskis, Tsarikis, Marks, Basoglu y Noshirvani (1986) encontraron que una parte importante de sus pacientes obsesivo-compulsivos tenían una historia pasada de anorexia nerviosa, y Hudson, Pope, Yurgelun-Todd, Jonas y Frankenburg (1987) expusieron que el 33 por 100 de su población bulímica podría haber sido clasificada como obsesivo-compulsiva en algún momento de su vida. En un estudio comparativo entre anoréxicas, bulímicas y comedores compulsivos se observó una puntuación más alta de las primeras en reasegurarse, lavarse, lentitud y duda (Williamson, Davis, Duchmann, McKenzie y Watkins, 1990). En el estudio publicado por Jiménez-Murcia, Fernández-Aranda, Raich, Alonso, Krug, Menchón y Vallejo (2007) se expusieron las características que compartían los grupos de TCA y los de TOC, así como la comorbilidad entre ambos trastornos, hallándose que un 16,7 por 100 de TOC presentaban un trastorno alimentario comórbido, mientras que un 3,3 por 100 de personas con TCA también tenía el diagnóstico de TOC. La presencia de la sintomatología de TOC estaba positivamente asociada a la severidad del TCA. Los pacientes con TOC y AN compartían muchos rasgos. A pesar de ello, son trastornos distintos tanto clínica como psicopatológicamente.

Pobre relación social y problemas familiares

Las personas que presentan trastornos alimentarios suelen tener una pobre relación social. Las restricciones sociales que se autoimponen para no ser observadas ni juzgadas favorecen una cierta fobia social, pues al huir de estas situaciones se sienten más relajadas y tienden a evitarlas más a menudo.

Muchas veces dependen únicamente de una persona, y a menudo ésta es su pareja o un miembro de su familia. Esta persona suele vivir la situación como muy estresante y puede llevarle a desear no seguir manteniéndola. Si se rompe la relación, por ejemplo en el caso de que sea la pareja, a menudo el paciente queda encerrado en sus propios problemas.

Una situación de conflicto social muy frecuente se da con la familia, ya que ésta, y especialmente la madre, tiene la responsabilidad de la nutrición en el núcleo familiar. Cuando una persona deja de comer y adelgaza, o come grandes cantidades de alimento, crea problemas que suelen generar mucho malestar. Por otra parte, la familia acostumbra a perpetuar y aumentar el trastorno, al probar diferentes maneras de conseguir que la persona se alimente correctamente, por ejemplo al admitir «caprichos alimentarios» o al presionar para conseguir una ingesta correcta. Todo ello lleva a que el problema se mantenga no sólo por las causas iniciales, sino también por éstas.

Las tablas 2.1 y 2.2 resumen las alteraciones emocionales, comportamentales y cognitivas de la anorexia y bulimia nerviosas.

TABLA 2.1
Alteraciones emocionales, del pensamiento y comportamentales
en anorexia nerviosa (Raich, Mora y Sánchez-Carracedo, 2002)

ALTERACIONES EMOCIONALES	ALTERACIONES DEL PENSAMIENTO	ALTERACIONES COMPORTAMENTALES
• Sentimientos depresivos: insomnio, lloro, tristeza, irritabilidad, anhedonia. • Ansiedad: inquietud, movimiento. • Insatisfacción corporal y de su autoestima. • Sentimientos de culpa tras la ingesta.	• Pensamiento dicotómico: «Si no peso muy poco, engordaré mucho». • Creencias irracionales incorporadas de la difusión social: «uno tiene el cuerpo que quiere», «el cuerpo es infinitamente maleable». • Pensamiento obsesivo en cuanto al peso y la comida. • Pensamiento perfeccionista.	• Aumento de la actividad física. • Comportamientos específicos relacionados con la comida: comer poco, esconder comida, esparcirla por el plato, preparar comida para otros sin comer de ella, revisar todo tipo de dietas... • Comportamientos relacionados con el cuerpo: pesarse mucho o nunca, cubrirse el cuerpo con mucha ropa, comprobar su cuerpo en espejos o no hacerlo nunca.

TABLA 2.2
Alteraciones emocionales, del pensamiento y comportamentales
en bulimia nerviosa (Raich, Mora y Sánchez-Carracedo, 2002)

ALTERACIONES EMOCIONALES	ALTERACIONES DEL PENSAMIENTO	ALTERACIONES COMPORTAMENTALES
• Sentimientos depresivos: lloro, tristeza, irritabilidad, anhedonia, ineficacia, ansiedad, gran inquietud e insomnio. • Cambios bruscos de humor. • Insatisfacción corporal. • Baja autoestima. • Insatisfacción con su falta de control, especialmente en la comida. • Sentimientos de culpa tras la ingesta.	• Pensamiento dicotómico: «Si no peso muy poco, engordaré mucho». • Creencias irracionales incorporadas de la difusión social: «uno tiene el cuerpo que quiere», «el cuerpo es infinitamente maleable». • Pensamiento obsesivo en cuanto al peso y la comida. • Alto conocimiento de dietas y bajo conocimiento de nutrición.	• Comportamientos específicos relacionados con la comida: comer solo, comprar y preparar comida para los atracones, comer muy deprisa, consumir los alimentos prohibidos, beber líquidos para facilitar vómito durante los atracones, revisar todo tipo de dietas... • Comportamientos relacionados con el cuerpo: pesarse mucho o nunca, cubrirse el cuerpo con ropa muy amplia, comprobar su cuerpo en espejos o no hacerlo nunca.

Resumen

En este capítulo se han descrito los pensamientos, la percepción e insatisfacción corporal, los comportamientos y las emociones que aparecen con más frecuencia en las personas que sufren estos trastornos.

El inicio del problema está en las cogniciones distorsionadas que pueblan la mente de éstas, y se traducen en comportamientos y sentimientos que, a su vez, van reforzando un estilo de pensamiento desequilibrado y una peor visión de sí mismas. Se hace difícil describir separadamente el encadenamiento que sucede en la vida real; la interpretación cognitiva que se hace de una situación provoca unos determinados sentimientos, y a su vez unas conductas de acuerdo con ellos. Nadie piensa mal de sí mismo sin sentir alguna cosa desagradable ni comportarse de una manera distinta a si no tuviera este tipo de pensamiento. La relación puede establecerse igualmente en sentido inverso, ya que determinadas conductas facilitan una manera de pensar y unos determinados sentimientos. Restringir la cantidad de ingesta puede conllevar sentimientos depresivos e incitar pensamientos que justifiquen esta emoción. Evidentemente, al comienzo de un trastorno alimentario existe un tipo de pensamientos, sentimientos y conductas que no son los mismos exactamente, transcurridos dos o más años. En general, hemos querido dar una visión de la primera época, pero sin dejar de remarcar la dinámica que se genera.

CAPÍTULO 3

Factores de riesgo
de los TCA

Según Agras (2010), los factores de riesgo de un trastorno pueden determinarse después de estudios preliminares que encuentran asociaciones o retrospectiva, o concurrentemente entre el trastorno y variables particulares, en los dos sentidos. En primer lugar, se puede identificar un factor de riesgo en estudios prospectivos. En segundo lugar, un factor de riesgo causal puede ser identificado experimentalmente alterando la fuerza del factor de riesgo y determinando el efecto de dicha alteración en la ocurrencia del trastorno o de un componente importante de dicho trastorno en ensayos controlados.

La anorexia nerviosa es el trastorno alimentario más difícil de estudiar, ya que su incidencia y prevalencia son relativamente bajas, pero hoy en día ya disponemos de un mejor conocimiento de los factores de riesgo de la bulimia nerviosa, y en menor medida del trastorno por atracón, a través de estudios prospectivos y de algunos ensayos aleatorios y controlados.

Jacobi y Fittig (2010) presentan un estudio metanalítico en el que analizan la mayoría de estudios longitudinales y retrospectivos realizados entre 2003 y 2008. En las tablas 3.1 y 3.2 pueden hallarse los resultados obtenidos, que quedan resumidos en la tabla 3.3.

Los estudios más recientes (tabla 3.3) indican para AN y BN: afecto negativo, neuroticismo y morbilidad psiquiátrica; preo-

TABLA 3.1
Factores de riesgo (estudios longitudinales) para trastornos
del comportamiento alimentario (Jacobi y Fittig, 2010)

Estudios longitudinales Anorexia nerviosa	Estudios longitudinales Bulimia nerviosa	Estudios longitudinales Trastorno por atracón
Estudios de gemelos sugieren una influencia genética para AN. Otros marcadores son: Género femenino, etnia, estación del año en que se nace. Complicaciones perinatales: prematuridad, complicaciones obstétricas. Factores de riesgo en la niñez: problemas de salud de la madre, pica, síntomas anoréxicos y relacionados con las comidas (conflictos con la comida, comidas no placenteras...). Adolescencia: cambio puberal temprano, preocupaciones por el peso y la figura y dieta (factor de riesgo para AN subtipo bulímico).	Además de los factores genéticos, del género, etnicidad o complicaciones obstétricas: Infancia: complicaciones de salud en la primera niñez, IMC elevado, experiencias de abuso sexual o negligencia en la infancia, altos niveles de morbilidad psiquiátrica y de afecto negativo, percepción negativa de actitudes parentales, bajo conocimiento interoceptivo, o cantidad de alcohol consumido en los últimos 30 días. Comportamiento impopular y agresivo. Adolescencia: cambio puberal temprano, baja autoestima, preocupación por el peso y la figura, bajo soporte percibido en la familia, así como estilo de afrontamiento de escape/estación en los *life events* de cada día.	En general, los de bulimia nerviosa. Pocos estudios analizan los factores de riesgo específicos de trastorno por atracón, y los que aparecen en éstos son: Baja autoestima, preocupación por el peso y la figura, estilo de afrontamiento de escape/evitación en los *life events*, bajo soporte social percibido, experiencias de abuso sexual y negligencia en la infancia.

cupaciones por el peso y la figura, dieta, complicaciones durante el embarazo, factores perinatales y aumento de *life events* negativos.

En resumen, de todos los estudios destacan, para los TCA: el género femenino, la preocupación por el peso y la figura, y un conjunto formado por afecto negativo, neuroticismo y morbilidad psiquiátrica.

TABLA 3.2
Factores de riesgo (estudios retrospectivos) para trastornos
del comportamiento alimentario (Jacobi y Fittig, 2010)

ESTUDIOS RETROSPECTIVOS ANOREXIA NERVIOSA	ESTUDIOS RETROSPECTIVOS BULIMIA NERVIOSA	ESTUDIOS RETROSPECTIVOS TRASTORNO POR ATRACÓN
Infancia: Problemas en alimentación y gastrointestinales. Dificultades en el sueño. Estilo parental muy preocupado. Trastornos de personalidad, trastornos obsesivo-compulsivos, trastornos de ansiedad, elevados niveles de sentimientos y experiencias de soledad, timidez e inferioridad. Adolescencia: Altos niveles de ejercicio físico, dieta, trastorno dismórfico, abuso sexual u otros *life events*, perfeccionismo, autoevaluación negativa, trastornos obsesivo-compulsivo premórbido y aculturación.	Complicaciones durante el embarazo. Infancia: Obesidad. Trastorno de ansiedad exagerada, abuso sexual, adversos *life events*, dieta, aculturación y fobia social. Problemas parentales (alcoholismo, depresión abuso de drogas, obesidad). Factores ambientales del entorno (relativos a peso y figura).	Autoevaluación negativa, depresión mayor, problemas de conducta, daño deliberado a sí mismo, grandes niveles de exposición al criticismo parental, altas expectativas, mínimo afecto parental, poco cuidado maternal y elevada sobreprotección, así como mayor negligencia parental y rechazo. Las mujeres con TA reportan más abuso sexual repetido, abuso físico, *bullying*, comentarios críticos de la familia acerca del peso y la figura, y sufren burlas por la figura, el peso o la apariencia.

Los factores de riesgo de trastornos de comportamiento alimentario con mayor apoyo empírico, ya destacados por Levine y Smolak (2006) y Stice (2002), son la presión social por estar delgado, la interiorización del modelo estético delgado, la dieta restrictiva, la insatisfacción corporal, el sobrepeso, la historia de burlas relacionadas con la apariencia física por parte de los pares y/o de los progenitores, la autoestima baja, el afecto negativo y el perfeccionismo. La interacción de estos factores entre sí y con predisponentes genéticos (Bulik, Slof-Op'tLandt, van Furth y Sullivan, 2007) puede conducir al desarrollo de un trastorno del comportamiento alimentario.

TABLA 3.3
Factores de riesgo para trastornos del comportamiento alimentario
en los estudios más recientes (Jacobi y Fittig, 2010)

En los estudios más recientes emergen:

• Afecto negativo, neuroticismo y morbilidad psiquiátrica.
• Preocupaciones por el peso y la figura.
• Dieta.
• Complicaciones durante el embarazo.
• Factores perinatales.
• Aumento de *life events* negativos.

Los factores de riesgo más potentes y mejor replicados para bulimia nerviosa y (menos) para anorexia nerviosa son (Jacobi y Fittig, 2010):

• Género.
• Preocupación por el peso y la figura.
• Un clúster acerca de: afecto negativo, neuroticismo y morbilidad psiquiátrica.

(Pero no hay seguridad de que no sean asimismo factores de riesgo de otros trastornos.)

Vamos a basarnos en esta última clasificación (Levine y Smolak, 2006, y Stice, 2002) para describir brevemente cada uno de los factores de riesgo (tabla 3.4), aunque sabemos que no están todos incluidos ni podemos exponer cuántos ni cuáles de entre ellos son necesarios para la aparición de los trastornos.

TABLA 3.4
Factores de riesgo de trastornos del comportamiento alimentario
(Levine y Smolak, 2006; Stice, 2002, y Bulik et al., 2007)

• Predisponentes genéticos.
• La presión social por estar delgado.
• La interiorización del modelo estético delgado.
• La dieta restrictiva.
• La insatisfacción corporal.
• Sobrepeso.
• Historia de burlas relacionadas con la apariencia física por parte de los pares y/o de los progenitores.
• Baja autoestima.
• Afecto negativo.
• Perfeccionismo.

3.1. Predisponentes genéticos

Desde hace veinte años ha quedado comprobada la influencia genética en la aparición de TCA. En un primer momento, aunque se comprobó que dichos trastornos aparecían en las mismas familias, se explicaron por el ambiente familiar, pero la investigación ha aportado pruebas concluyentes. A pesar de que no es posible verificar la existencia de una familia típica o específica de anorexia o bulimia, sí que se han descrito aspectos familiares que pueden tener alguna influencia en la aparición de estos trastornos: familiares de primer grado que presentan trastornos alimentarios, trastornos afectivos, abuso de alcohol o de otras sustancias, obesidad materna y también *estatus* socioeconómico medio-alto y, en algunos casos (en la anorexia), edad de los padres más elevada. Así pues, en las familias en que se hallan personas con TCA hay más trastornos alimentarios, más depresión y más psicopatología. Pero difícilmente puede deducirse hasta ahora cuál es la contribución individual al riesgo o vulnerabilidad, pues ésta puede ser sutil o compleja o de un efecto bajo.

Para diferenciar entre los riesgos de origen familiar y ambiental se están utilizando los estudios de gemelos de concordancia entre monozigóticos y dizigóticos, ya que sirven para calcular la magnitud relativa de uno u otro factor. La mayor parte de los estudios confirman que los gemelos monozigóticos tienen una concordancia más significativa de TCA que los gemelos dizigóticos (Kipman, Gorwood, Mouren-Simeoni y Ades, 1999; Bulik, Sullivan, Wade y Kendler, 2000; Klump, Wonderlich, Lehoux, Lilenfeld y Bulik, 2002).

Similares a estos datos son los estudios de otros autores que afirman que el 28-55 por 100 y el 83-88 por 100 del riesgo de la AN y la BN respectivamente estaría determinado por los factores genéticos. De hecho, los factores genéticos aditivos pesarían más que los ambientales, según los estudios realizados en esta población (Bulik et al., 2000).

De todas formas, aún desconocemos los genes específicos implicados y de qué manera interaccionan con el ambiente para incrementar el riesgo de los TCA (Wade, 2010).

Es importante tener presente dicha influencia, pero tal como dice el doctor Kaye, de la Universidad de Pittsburgh: «los genes cargan el arma, pero el ambiente aprieta el gatillo».

3.2. La presión social a la delgadez

Si la prevalencia de estos trastornos fuese la misma en cualquier sociedad, como sucede con otras alteraciones psicológicas, podríamos pensar que se debe a causas de tipo general y que no están especialmente ligados a factores de tipo cultural, pero los numerosos estudios que se han llevado a cabo demuestran más bien lo contrario. En las sociedades en las que se enfatiza la delgadez aparecen en una proporción mucho mayor.

M. Nasser (1988) hizo un interesante repaso a diferentes estudios epidemiológicos llevados a cabo en Latinoamérica, la India, el Sudán, Egipto y Malasia, y observa que este tipo de trastorno casi no aparece en estos países, y aun los pocos casos que se describen parecen estar más relacionados con otras alteraciones como la histeria, a diferencia de los occidentales.

Los trastornos alimentarios son muy raros entre la población negra de África (Famuyiwa, 1988) y la población china que vive en el lejano Este (Lee, Chiu y Chen, 1989). Pero cuando se analiza la prevalencia de estos trastornos en población originaria de Asia o África, que ha emigrado y se ha establecido en el mundo occidental, aumenta dramáticamente. Ficher et al. (1990) identificaron un 1,1 por 100 de anorexia nerviosa en chicas griegas que vivían en Munich, frente al 0,42 por 100 que se observaba entre las que vivían en Grecia. Comparando unos grupos, similares en número, de muchachas árabes que están estudiando, unas en el Cairo y otras en Londres, Nasser (1986) identificó seis casos de bulimia en Inglaterra, frente a ninguno en el Cairo.

Estudios de comparación transcultural muestran que la presión por la esbeltez existe en determinadas sociedades, pero no en otras. Muchos de estos estudios analizan la relación que existe entre un ideal de belleza y la aparición de trastornos alimentarios. En otros, como en el de Furnham y Baguma (1994), simplemente se observa que existen diferencias marcadas entre las preferencias por una u otra figura. En este último estudio se analizan las diferencias en la evaluación del atractivo entre una muestra de Uganda y otra inglesa. Las diferencias principales aparecen en los extremos: los ugandeses consideran mucho más atractivas a las figuras femeninas obesas y a las figuras masculinas anoréxicas, al revés que los ingleses.

En la sociedad occidental, a pesar de que paradójicamente se ha producido un aumento de peso, hay una marcada preferencia por la esbeltez.

Esta presión por un ideal de belleza delgado se ha ido intensificando. Garner et al. (1980) revisaron el peso y la altura de las modelos de «Play boy» y de las concursantes y ganadoras del concurso de Miss América desde el año 1959 hasta 1978, y no sólo encontraron una disminución de peso de aproximadamente 3,4 kg, sino una disminución de las medidas de pecho y caderas. Al mismo tiempo que los modelos de estética corporal femenina disminuían su peso, la mujer americana lo aumentaba en una media de 2,8 kg. También estudiaron el impacto publicitario de los productos para hacer dieta, y observaron su incremento. Wiseman et al. (1992) replicaron este estudio y dedujeron que los pesos de las misses no sólo habían disminuido (entre 1979 y 1988), sino que estaban entre un 13 y un 19 por 100 por debajo del peso normativo. Toro et al. (1989) hicieron un análisis de la publicidad «pro esbeltez» incluida en las 10 revistas «femeninas» con más de cien mil ejemplares editados que se publican en España, y observaron que casi uno de cada cuatro anuncios invitaba directa o indirectamente a perder peso o a hacer deseable un peso más bajo.

Todas las sociedades han desarrollado unos ideales de belleza que marcan los objetivos a conseguir. Dentro de estas exigencias se ha insistido especialmente en el ideal de belleza femenina. Hay numerosos ejemplos de alteración de patrones biológicos en función de normativas sociales. Sólo es necesario recordar la deformación de los pies en las chinas, el artificial alargamiento del cuello en las mujeres Karen de la antigua Birmania, el ensanchamiento exagerado de los labios en la cultura ugandesa... Sin ir más lejos, y en nuestra propia cultura, podemos recordar los «miriñaques» que exaltaban un «detrás» femenino aumentado, a fin de resaltar las entonces en boga «cinturas de avispa», las fajas y corsés que moldeaban las formas a la moda, disminuyendo la cintura y el vientre, hasta la puesta en escena de las piernas femeninas, anteriormente guardadas celosamente bajo las largas faldas. Los tacones altos, la falda estrecha o los tejanos ajustados no son un modelo de comodidad, pero, por conocidos, nos parecen más normales que los ejemplos anteriores.

La delimitación del modelo estético tiene un refinamiento que no podemos obviar. Probablemente hoy en día creeríamos que Marilyn Monroe estaba un poco gorda y que la modelo de los sesenta «Twiggi» debería hacer ejercicio para tener más musculatura.

La máxima de la abuela: «Para presumir hay que sufrir» sigue siendo válida, pero, ¡oh, paradoja!, actualmente es más bien para ser considerada independiente y tener éxito profesional y social; o como dice Nasser (1988), «estar delgada» simboliza a la mujer nueva que es capaz de combinar cualidades de autocontrol y de libertad sexual con los valores tradicionales de atractivo.

En las culturas donde la comida escasea, ser gordo es moda, signo de poder y belleza —en el Punjab, un cumplido muy educado es: «¡Qué gordo y fresco se te ve!»—, o en nuestra cultura hace un siglo se decía: «Dame gordura y te daré hermosura» (un refrán actualmente en paradero desconocido).

Pero entre las características de las sociedades occidentales que han sido relacionadas con el desarrollo de alteraciones del comportamiento alimentario se mencionan la idolatría de los cuerpos extremadamente delgados, las presiones para ajustarse al modelo ideal, las expectativas de rol contradictorias para la mujer y el incremento de la connotación negativa del sobrepeso (Rathner, 1996). Por otro lado, entre las características protectoras que se asocian a las sociedades no occidentales se encuentra el valor que se otorga a la figura corporal más rellena antes que a la delgada (Nasser, 1997) y la estructura colectivista de la familia y la sociedad.

Si bien los trastornos alimentarios son más frecuentes en sociedades industrializadas occidentales, se han observado patrones similares en mujeres de países no occidentales expuestos a la occidentalización de sus costumbres y en países que experimentan intensos y acelerados procesos de cambio sociocultural y económico. Esta es la situación de países de América Latina, entre ellos Argentina, Brasil, Chile, México y Venezuela (Espinoza, Penelo y Raich, 2009).

Últimamente han aparecido diferentes publicaciones acerca de la presión a la esbeltez y la asociación entre el aumento de la prevalencia de las patologías alimentarias y el proceso de transición de sociedades no occidentales respecto a los países en vías de desarrollo, donde se ha descrito una presión a la esbeltez tanto o más importante que la que se encuentra en occidente desde hace más de 30 años. Los resultados de estos estudios sugieren que la exposición de la población a ideas, valores e imágenes de la cultura industrial y postindustrial occidental, especialmente la exposición a los ideales de esbeltez de la figura corporal, se relaciona con el incremento del riesgo de patologías alimentarias entre la población de adolescentes y mujeres jóvenes de culturas en transición (Anderson-Fye y Becker, 2004).

3.3. La interiorización del modelo estético delgado

En diferentes estudios epidemiológicos llevados a cabo en distintos países occidentales queda reflejado el deseo de las mujeres de ser más delgadas.

Existe bastante evidencia (Hsu, 1990) de que las adolescentes de determinados estratos sociales, sea cual sea su peso real, quieren estar más delgadas que las de estratos sociales inferiores. Sin embargo, hay otros estudios que no encuentran diferencias por clases sociales. En un gran porcentaje de muchachas aparece el deseo de estar más delgadas (Toro et al., 1989; Raich et al., 1992), mientras que muchos chicos querrían pesar más o en todo caso disminuir su peso en unas proporciones muy inferiores a las expresadas por la muestra femenina. En el último estudio citado, realizado sobre una muestra de más de tres mil adolescentes, un 48 por 100 de las chicas querrían pesar menos, mientras que un 33 por 100 de los chicos querría pesar más. Las investigaciones nos dicen que la preocupación por el peso aumenta con la edad, y que su punto álgido se halla sobre los diecisiete o dieciocho años, pero que se está observando una disminución progresiva de la edad de las «preocupadas».

En otro estudio llevado a cabo en la Universidad Autónoma de Barcelona (Raich, Torras y Figueras, 1996), el 80 por 100 de las mujeres/estudiantes que estaban en un rango de peso normal querían adelgazar, un 100 por 100 de las que estaban en sobrepeso, e incluso un 18 por 100 de las que estaban muy delgadas o en infrapeso.

Las personas tienen más expectativas positivas y se comportan de manera más favorable con las personas atractivas que con las menos atractivas. Por tanto, se espera que la gente atractiva desarrolle un autoconcepto más favorable. Desde muy pequeños, a los niños y niñas les llegan mensajes sobre los estándares del atractivo físico a través de diferentes fuentes. En la medida en que estos mensajes culturales son internalizados, se transforman en ideales personales que pueden afectar negativamente a las autoevaluaciones y a la satisfacción corporal con la propia apariencia física (Thompson y Heinberg, 1993).

3.4. La dieta restrictiva

La consecuencia lógica de esta preocupación es el establecimiento de dietas. Cuando se pregunta a muestras de la población si hacen dieta, las respuestas suelen ser afirmativas en altas proporciones dentro de la población femenina. Hsu (1990) arroja datos del 36 por 100, y si la pregunta es de si alguna vez han hecho dieta, la proporción asciende al 69 por 100. Cuando se relaciona el interés por perder peso con las respuestas a cuestionarios que miden actitudes hacia la alimentación y síntomas de patología alimentaria, se encuentra una correlación positiva, y aunque la mayoría de la población encuestada se halla dentro del peso normativo para su edad, talla y sexo, también una gran mayoría quiere adelgazar, hace dieta y siente una gran preocupación por su figura (Raich et al., 1991; Raich et al., 1996).

La dieta restrictiva parece ser la causa más cercana al desencadenamiento de episodios de sobreingesta. Según la teoría de la contrarregulación de Polivy y Herman (1985), el hecho de mantener una restricción respecto a determinados alimentos, especialmente los prohibidos, genera que cuando por la circunstancia que sea se rompe la dieta estricta, la persona «dietista» se descontrola totalmente y consume grandes cantidades de estos alimentos. El saber popular predica desde hace muchos años que «lo prohibido es deseado». En dietas rígidas hay una gran cantidad de prohibiciones sobre alimentos que están presentes, por lo que no es de extrañar que se dé esta reacción. Esto se ha comprobado repetidamente en el laboratorio.

De todas maneras, en los últimos años se ha discutido acerca de la dieta y su implicación como factor de riesgo de TCA. Por una parte, en muchos estudios en población comunitaria no se ha especificado en qué consiste la dieta. Cuando se ha de expresar el significado que se atribuye a este concepto se han hallado diferentes resultados. Incluso cuando este concepto se refiere a deseos de perder peso, su significado puede diferir. Para algunos, este concepto se refiere a conductas de control de peso saludables, que incluye comer más ensaladas, frutas o vegetales, comer menos grasa y menos «comida basura», etc.; mientras que para otros el término incluye conductas no saludables como, por ejemplo, pasar hambre, saltarse comidas o no comer (Neumark-Sztainer y Story, 1998).

Por ello, para el estudio de la conducta de dieta y su rol como factor de riesgo de las alteraciones alimentarias se requieren encuestas que incluyan diferentes métodos de control de peso, así como la frecuencia y la duración del uso de estas conductas (véase Raich y Gutiérrez-Rosado, 2009).

En el Project EAT, estudio longitudinal de 5 años de duración (de 1999 a 2004), realizado con una muestra de 2.516 adolescentes, se analizaron las conductas de control de peso en base a tres categorías: conductas de control de peso saludables (ej.:

ejercicios, comer más frutas y vegetales), no saludables (ej.: ayunos, comer muy poco, usar sustitutos de los alimentos, fumar cigarrillos) y conductas extremas de control de peso (ej.: tomar pastillas para adelgazar, provocarse vómitos, uso de laxantes o diuréticos). Neumark-Sztainer, Paxton, Hannan, Haines y Story (2006) concluyeron en este estudio que las chicas que presentaban una insatisfacción corporal mayor presentaban más altos niveles de dieta, comportamientos muy pocos saludables para el control del peso y atracones, así como menos actividad física y un menor consumo de frutas y verduras.

En el caso de los chicos, la mayor insatisfacción corporal predecía más altos niveles de dieta, comportamientos poco saludables para el control del peso, atracones y consumo de tabaco, así como menor actividad física. El estudio concluye que la insatisfacción corporal no sirve como motivación para realizar comportamientos de control del peso saludables, sino que, por el contrario, lleva a las chicas y chicos a incrementar el riesgo de ganar peso y empobrecer su salud.

En el estudio longitudinal de 5 años de duración citado anteriormente, Newmark-Sztainer, Wall, Haines, Story y Eisenberg (2007) analizaron por qué las dietas restrictivas producían un aumento del Índice de Masa Corporal (IMC). Se observaba que la dieta estricta predecía en las chicas atracones (comer grandes cantidades de alimento, principalmente de aquellos que habían estado previamente prohibidos, en un período discreto de tiempo de unas dos horas). En los chicos, la dieta predecía el aumento de atracones, una reducción de la actividad física y la tendencia a no desayunar. Los autores concluyen que la dieta conlleva comportamientos (atracones, saltarse alguna comida, disminuir el ejercicio...), que son contraproducentes para un correcto control del peso.

A pesar de estos resultados, las discrepancias halladas entre estudios prospectivos y experimentos que han asignado sujetos (en la mayor parte de las ocasiones, personas obesas) a dietas controladas para perder peso, y que no sólo no se han descontrolado posteriormente sino que han adquirido mejores hábitos alimentarios, hacen exclamar a Stice y Presnell (2010) que es necesario distinguir entre tipos de dieta y sus consecuencias, y que deben refinarse las cuestiones acerca de la dieta e introducir preguntas acerca de formas de dieta extremas y específicas (como ayunar o saltarse comidas).

La influencia de las amigas en la adopción de comportamientos de dieta quedó establecida en el modelo de «camino hacia la dieta severa» de Huon, Lim, Walton, Hayne y Gunewardene (2000) (figura 3.1). En este camino, el contexto familiar se considera positivo y protector frente a actitudes de dieta severa, en la medida que hay apoyo emocional y éste es percibido por los hijos como tal; en vez de control y sobreprotección, se les alienta a la autonomía y no hay muchos conflictos en el hogar (o no hay gran conflictividad).

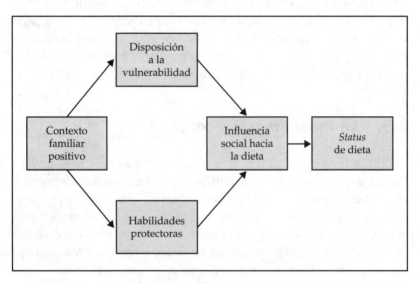

FIGURA 3.1.   Modelo de «camino hacia la dieta severa» de Huon, Lim, Hayne y Gunewardene (2000).

Otras habilidades protectoras son: el ser asertivo, es decir ser capaz de expresar tanto los sentimientos positivos *(me gustas, te quiero)* como los negativos *(lo siento, pero no puedo dejártelo);* ser capaz de defender los propios derechos sin ser agresivo ni despreciar los de los demás, y también tener habilidades sociales, saber desenvolverse en contextos sociales o el considerarse eficaz, capaz de resistir presiones, de hacer cosas...

En cambio, la predisposición a la conformidad, que puede ser descrita como la falta de capacidad de resistir la presión de familiares y amigos a hacer algo que no es lo que le gustaría, y la capacidad de diferenciar sus propias aspiraciones, intereses y deseos de los demás, pueden influir positivamente en adoptar comportamientos de dieta restrictiva.

La influencia que la familia, los amigos y el entorno ejercen sobre hacer dieta, y hasta qué punto se controlan, cómo y cuántas veces comparan su imagen corporal y lo que comen con sus amigas, serían definitivamente los condicionantes que podrían empujar a comportamientos dietéticos.

Los resultados de este trabajo nos dicen que, aunque un bajo conformismo y unas altas habilidades sociales reducen la vulnerabilidad a las influencias sociales que alientan la dieta, sólo un bajo IMC y unas actitudes menos negativas hacia la imagen corporal parecen ser realmente elementos protectores que podrían impedir hacer una dieta seria.

3.5. La insatisfacción corporal

T. Cash (1997, 2002), uno de los investigadores más importantes en imagen corporal, afirma que hay varios elementos importantes en la insatisfacción corporal, que son: *sobrevaloración de la apariencia en la construcción de la propia identidad*; *percepción y sentimiento de que la forma corporal discrepa de los ideales de belleza interiorizados e irreales; creencias y sentimientos desadaptativas acerca del propio cuerpo y conductas poco saludables o limitadas provocadas por la insatisfacción corporal.*

En las personas que sufren TCA, una de las bases de su trastorno es lo que Fairburn (2008) denomina *sobrevaloración del peso y la figura y de su control,* al que atribuye gran parte del desarrollo y mantenimiento de los TCA; el segundo elemento explicado por Cash sobre la percepción y sentimiento de que la forma corporal discrepa de los ideales de belleza es una constante en nuestra sociedad, donde las mujeres son bombardeadas con el modelo estético de belleza superdelgado y en el que la mayoría, al compararse con éste, muestran gran insatisfacción con su propio cuerpo. Los medios de comunicación tienen un papel central en erigir, difundir y perpetuar valores e ideas socioculturales relacionados con los modelos de belleza y éxito social femenino asociados a la delgadez corporal. La mera exposición a los anuncios —en televisión, radio, internet, vallas publicitarias, productos, cines, revistas, tiendas y comercios— es asombrosa. Las estimaciones sugieren que la exposición ha alcanzado un récord de consumo en las sociedades desarrolladas, donde muchas personas ven más de 3.000 anuncios al día (González, Penelo, Gutiérrez y Raich, 2010).

Respecto a las *creencias y sentimientos desadaptativos acerca del propio cuerpo,* y *conductas poco saludables o limitadas provocadas por la insatisfacción corporal,* referimos al lector al capítulo anterior, en el que se exponen las cogniciones, creencias y comportamientos respecto al cuerpo.

La literatura científica nos muestra innumerables ejemplos de insatisfacción corporal. En nuestros estudios hemos hallado diferencias entre hombres y mujeres en insatisfacción general sobre el cuerpo y respecto a diferentes partes. El desagrado por el peso y la forma corporal es bastante corriente hoy en día, como se observa en las respuestas de una muestra de estudiantes en orden de agrado-desagrado de diferentes partes del cuerpo. Estas partes del cuerpo fueron para las chicas, y en orden descendente: cabello, cara, hombros/brazos, pecho, cintura/estómago, altura, peso, tono muscular, muslos/piernas, caderas y nalgas. Para los chicos fueron: tono muscular, muslos/piernas, pecho, hombros/brazos, cara, cabello, altura, caderas, nalgas, peso, cintura/estómago (Raich, Torras y Figueras, 1996). Las diferencias entre hombres y mujeres resultaron significativas, con un nivel muy superior de insatisfacción por parte de las mujeres.

En un estudio llevado a cabo sobre 2.000 estudiantes de Segundo de ESO (Raich, Torras y Sánchez-Carracedo 2002), la mayor queja de las chicas era sobre sus caderas, y en cambio la de los chicos (con diferencia significativa en grado de insatisfacción, menor en los hombres) era sobre su cutis (figura 3.2).

Las personas que se preocupan mucho por su apariencia intentan igualmente hallar remedio a sus quejas en la cirugía

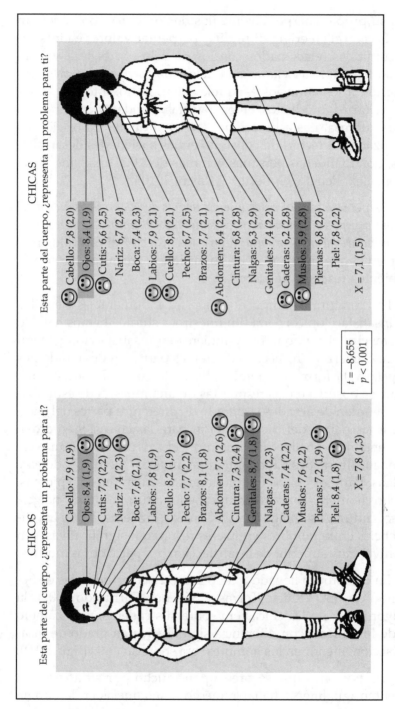

FIGURA 3.2.   Satisfacción e insatisfacción con diferentes partes del cuerpo en chicos y chicas de 13 años (Raich, Torras y Sánchez-Carracedo, 2001).

estética o acudiendo a centros de atención cosmética. Raich y Torras (2002) realizaron un estudio en una amplia muestra de mujeres que acudían a centros de estética (en la muestra sólo apareció un hombre y se desechó), y hallaron una gran prevalencia de posibles trastornos. El tipo de quejas no difirió entre las mujeres que asistían a dichos centros y el grupo control de mujeres que no iban a centros de estética (caderas, nalgas y muslos), pero sí en la intensidad de la insatisfacción.

En otro estudio realizado en la UAB, Miró Queralt y Raich Escursell (2003) hallaron que las quejas sobre las partes del cuerpo en una muestra de mujeres con TCA no diferían de mujeres sin este trastorno (caderas, nalgas y muslos), pero sí diferían en el nivel de preocupación, en el que las mujeres con TCA significativamente puntuaban más alto.

Frente a estas preocupaciones siempre más elevadas en las mujeres, Piran (Levine y Piran, 2001) presenta unos estudios basados en el modelo de la «Perspectiva social crítica», en los que se plantea, desde un punto de vista feminista y de crítica social, cómo el concepto de imagen corporal se aprende dentro de un sistema social anclado en las estructuras de poder, donde la desigualdad social juega un papel central en trastornar la experiencia corporal femenina. No es suficiente criticar la presión a la esbeltez, sino que se ha de llegar a examinar la «objetivización» que se hace del cuerpo de las mujeres. Dicho autor enfatiza la continuidad entre expresiones de insatisfacción de imagen corporal hasta descontento, asco o incluso autolesiones, y las intersecciones entre estructuras de privilegio y dimensiones de género, raza, nivel socio-económico...

3.6. Sobrepeso y obesidad

La casuística estudiada aporta muchas pruebas sobre cómo una de las causas que ha inducido al establecimiento de dietas rígidas y a la eclosión del trastorno ha sido un «turbulento pasado de *gordita* o de *gordito*».

Muchos de los pacientes explican que se sentían muy mal porque creían tener sobrepeso y estar fuera de los cánones que la moda marcaba. No es de extrañar que esto pueda suceder, puesto que la presión sociocultural inclina los gustos en este sentido; no sólo está bien ser delgado, sino que se puede hablar de estigmatización de los obesos. De alguna forma, ser gordo equivale a ser descuidado, perezoso o, lo que es lo mismo, tener poco autocontrol, ser enfermizo y, evidentemente, poco atractivo. El primer punto, ser descuidado, es fácilmente explicable, ya que, tal como funciona la publicidad, tanto la de los medios de comunicación como la que llega a través de las amistades o la propia familia, se presenta como algo muy fácil poder perder peso. Ser delgado es sólo cuestión de fuerza de voluntad. Si uno quiere serlo, únicamente debe seguir una de las innumerables dietas conocidas o, en lugar de comer, consumir unos productos que pregonan que en muy poco tiempo se obtienen buenos resultados.

El alarmante aumento de la obesidad y el sobrepeso no sólo conlleva problemas de salud general, sino que los individuos con sobrepeso suelen llevar a cabo comportamientos no saludables con el objeto de adelgazar (Newmark-Sztainer, Story et al., 2002; Boutelle, Newmark-Sztainer, Story y Resnick, 2002; McVey, Tweed y Blackmore, 2004). Newmark-Sztainer y Hannan (2000), en un estudio epidemiológico sobre una muestra de 6.728 adolescentes, encontraron que el 24 por 100 de la población tenía sobrepeso, que por lo menos la mitad de las chicas había hecho dieta y que el 13 por 100 de las chicas y el 7 por 100 de los chicos presentaban trastornos del comportamiento alimentario.

Desde algunas de estas investigaciones se ha comprobado que los adolescentes con sobrepeso presentan mayor riesgo de comportamiento alimentario alterado (Canals et al., 1996; Fairburn et al., 1990, 2000). En varios estudios realizados por Fairburn et al., en que se estudiaron los factores que pudieran asociarse a la presencia de bulimia nerviosa en población general, se halló que un alto porcentaje (40 por 100) de mujeres con bulimia nerviosa habían sido obesas en la infancia. Lo mismo pasó en un estudio posterior, donde un 31 por 100 de las personas afectadas de síndrome por atracón habían sido obesas en su infancia. Más recientemente concluyen que el sobrepeso infantil parece presentarse como un factor predisponente a la bulimia.

Otras investigaciones han observado que las chicas con sobrepeso son más proclives a llevar a cabo comportamientos dietéticos restrictivos, expresar preocupación por su peso y tener mayor insatisfacción con su apariencia física. Ello podría tener efectos duraderos sobre la autoestima y la imagen corporal, lo que puede conllevar un aumento en el riesgo de padecer TCA.

Espinoza, Penelo y Raich (2010) destacan el IMC como predictor de alteraciones alimentarias, coincidiendo con recientes estudios que sugieren una asociación significativa entre un IMC elevado y alteraciones alimentarias extremas (Neumark-Sztainer et al., 2007). Recientemente, Raich, Portell y Peláez-Fernández (2010) hallaron que las chicas con sobrepeso presentaron actitudes alimentarias más distorsionadas y que habían percibido una mayor presión para estar delgado que sus compañeros de peso normal o inferior, resultados que coinciden con otros estudios citados anteriormente. Por ello, Toro (2004) advierte de la importancia de identificar la proporción de adolescentes con IMC alto, para definir los grupos de riesgo de estas alteraciones y así orientar las estrategias de prevención hacia tales adolescentes con sobrepeso u obesidad.

El «sentirse gordo» es una de las causas más frecuentes que incitan a la adopción de conductas alteradas que pueden desembocar en un TCA. No es necesario que la persona presente un sobrepeso real, siendo tan sólo necesario que piense que lo tiene y que esto le afecte. Una gran mayoría de mujeres, aun estando en un rango de peso normativo, quieren pesar menos. No es de extrañar si los modelos con que se bombardea en la publicidad son tan esqueléticos.

Por otra parte, ha cundido con igual rapidez la idea de que estar delgado es sinónimo de saludable. Aunque es verdad que un gran sobrepeso es perjudicial para la salud, no es cierto lo contrario: cuanto más delgado, más sano. Los estudios fiables que analizan las variables que influyen en la longevidad afirman que un poco de sobrepeso es una de las variables que correlaciona mejor con una vida más larga.

Finalmente, el que una persona con sobrepeso sea considerada o no atractiva depende de las exigencias de la moda, puesto que en otras épocas, o incluso en otras culturas hoy en día, el sobrepeso es sinónimo de belleza. El atractivo es evidentemente una cuestión mucho más compleja que la del peso corporal.

3.7. Historia de burlas relacionadas con la apariencia física por parte de los padres y/o de los progenitores

Ser criticado, o sufrir burlas a causa de la apariencia en la infancia, puede influir sobre la imagen corporal que uno tenga de sí mismo en la edad adulta: «cuatro ojos», «bola de grasa» «vaca lechera», «gordo», «gorda», «tapón», «cara de pan», «Pinocho», «Dumbo»... Ser criticado repetidamente, recibir burlas

TABLA 3.5
Factores que influyen en la aparición de anorexia y bulimia
(Fairburn et al., 1999, 2000)

ANOREXIA	BULIMIA
En el ámbito de la vulnerabilidad personal: • Autoevaluación negativa. • Perfeccionismo. • Depresión mayor.	En el ámbito de la vulnerabilidad personal: • Depresión mayor. • Alcoholismo o drogadicción en los padres.
En el ámbito ambiental: • Abuso sexual y físico.	En el ámbito ambiental: • Trastornos psiquiátricos paternos. • Abuso sexual y físico.
En el ámbito de vulnerabilidad a la dieta: • Miembro de la familia que hace dieta para perder peso. • Comentarios críticos de la familia sobre la silueta y el peso.	En el ámbito de vulnerabilidad a la dieta: • Miembro de la familia que hace dieta para perder peso. • Comentarios críticos de la familia sobre la silueta y el peso. • Burlas sobre la apariencia. • Obesidad infantil. • Obesidad paterna. Factor de riesgo adicional: • Menarquia temprana.

por la apariencia durante la infancia o la adolescencia tiene un efecto importante en el desarrollo de la imagen corporal, y sigue lastrándola en la edad adulta. Muchas personas explican que la preocupación acerca de la apariencia comenzó en la infancia, al recibir burlas por ella.

La literatura científica ha recogido bastantes casos en los que las pacientes se quejan de burlas de familiares o de amigos como desencadenante de su trastorno. Fairburn et al. (1999 y 2000) citan entre los factores que influyen en la anorexia y bulimia los comentarios críticos de la familia sobre la silueta y el peso y las burlas por la apariencia (tabla 3.6). Thompson, Fabian y Moulton (1990) han realizado un cuestionario para medir el impacto de las burlas en la infancia sobre la imagen corporal de mayores. Se ha podido ver que, en muchos casos, las burlas no son intencionadas, pero que la persona las ha sufrido tanto como si lo fueran.

TABLA 3.6
Traducción del inventario de burlas por la apariencia
de Thompson et al. (1990)

1. ¿Sufriste burlas, cuando eras pequeño/a, por sobrepeso?	Nunca	1 2 3 4 5	A menudo
2. ¿Se reían los otros niños/as de tu pelo?	Nunca	1 2 3 4 5	A menudo
3. ¿Te señalaron de entre tu grupo debido a tu peso?	Nunca	1 2 3 4 5	A menudo
4. ¿Te pusieron motes los demás niños o niñas, debido a tu tamaño o peso?	Nunca	1 2 3 4 5	A menudo
5. Cuando eras pequeño/a, sentías que tus compañeros/as se quedaban mirándote fijamente debido a tu peso?	Nunca	1 2 3 4 5	A menudo
6. Se reían de ti tus amigos/as porque llevabas ropa que no te sentaba bien o era pasada de moda?	Nunca	1 2 3 4 5	A menudo
7. ¿Crees que había gente que se reía de ti por tu peso?	Nunca	1 2 3 4 5	A menudo
8. ¿Se reían en tu casa cuando pedías más comida?	Nunca	1 2 3 4 5	A menudo

TABLA 3.6 *(continuación)*

9. ¿Te dijo tu madre que no podrías «cazar un marido» porque pesabas demasiado?	Nunca	1 2 3 4 5	A menudo
10. Tu familia, ¿te hizo sentir incómodo/a, debido a los cambios de la pubertad?	Nunca	1 2 3 4 5	A menudo
11. Te llamaron «gordo/a» tus hermanos u otros chicos/as, cuando estaban enfadados?	Nunca	1 2 3 4 5	A menudo
12. ¿Cuándo eras pequeño/a se mofaron de ti por ser débil?	Nunca	1 2 3 4 5	A menudo
13. ¿Te dijeron tus padres o maestros que jamás llegarías muy lejos debido a tu peso?	Nunca	1 2 3 4 5	A menudo
14. ¿Se rieron de ti cuando probabas a hacer deportes, porque eras poco ágil?	Nunca	1 2 3 4 5	A menudo
15. ¿Se rió tu padre de tu peso?	Nunca	1 2 3 4 5	A menudo
16. ¿Oíste alguna vez a tus compañeros/as reírse de ti cuando entrabas solo/a en clase?	Nunca	1 2 3 4 5	A menudo
17. ¿Cuando creciste, alguien te dijo que vestías de manera cómica?	Nunca	1 2 3 4 5	A menudo
18. ¿Eras el objeto de las burlas de tu familia a causa de tu peso?	Nunca	1 2 3 4 5	A menudo
19. ¿Sentiste que te señalaban debido a tu talla o peso?	Nunca	1 2 3 4 5	A menudo
20. ¿La gente decía que tenías unos dientes cómicos?	Nunca	1 2 3 4 5	A menudo
21. ¿Los demás niños o niñas se reían de la cantidad de comida que consumías?	Nunca	1 2 3 4 5	A menudo
22. Los demás niños te decían que tenías una apariencia cómica?	Nunca	1 2 3 4 5	A menudo
23. ¿Cuando eras pequeño/a, la gente hacía bromas sobre lo grandullón/a que eras?	Nunca	1 2 3 4 5	A menudo

Thompson y Heinberg (1993) estudiaron la influencia de comentarios verbales negativos, especialmente bromas y burlas, y de las comparaciones sociales sobre las alteraciones de la imagen corporal. Hallaron que, cuando se dirigían específicamente al cuerpo y al peso corporal, constituían un predictor de la aparición de TCA. Rieves y Cash (1996) hallaron los resultados que aparecen en la tabla tabla 3.7: el 72 por 100 de la muestra afirmó que habían sido ridiculizados en su infancia y que esto les influía actualmente.

TABLA 3.7
Burlas por la apariencia durante la infancia o la adolescencia
(Rieves y Cash, 1996)

PARTE DEL CUERPO O ASPECTO OBJETO DE BURLA	%	QUIÉN SE BURLÓ	%
Cara y cabeza	45	Hermanos	79
Peso	36	Pares en general	62
Torso superior	19	Amigos	47
Altura	17	Un par específico	31
Ropa	13	Madre	30
Pelo	12	Hermanas	36
Torso bajo	11	Padre	24
Apariencia general	10	Otros parientes	23
Manos/pies	3	Otros adultos	20
Torso medio	2	Profesores	6
Tono muscular	1		
Otros	6		

3.8. Baja autoestima

La idea básica de que una imagen corporal negativa está asociada a una autoestima más negativa y a sentimientos de ineficacia parece correlacionar en los estudios que se han llevado a cabo. Las personas con trastorno alimentario desarrollan creencias acerca de la apariencia física y de las implicaciones en sí mismos que influencian sus pensamientos, emociones y conductas. Estas creencias se forman durante la primera adolescencia, cuando la autoidentidad y el desarrollo físico están cambiando rápidamente.

Jacobi y Fittig (2010), en su metanálisis de factores de riesgo hallados en estudios longitudinales y retrospectivos, señala la baja autoestima como factor de riesgo de bulimia nerviosa y trastorno por atracón en los estudios longitudinales, y de anorexia nerviosa en los retrospectivos (tablas 3.1 y 3.2).

Las mujeres con trastornos alimentarios tienen una extremadamente baja autoestima, sentimientos de ser una persona poco valiosa y mucho miedo a ser despreciadas o rechazadas. No se autovaloran. Los estudios confirman que, por lo menos un tercio de la propia autoestima, se refiere a lo positiva o negativa que resulta la autoimagen. Si a uno no le gusta su cuerpo es difícil que le guste la persona que vive en él. Asimismo, es muy difícil que se consigan apreciar indistintamente cualidades de destreza o trabajo o incluso inteligencia, separadamente del aprecio por el propio cuerpo, especialmente en las mujeres, que suelen subordinar muchas de estas cualidades al atractivo.

Dada la gran importancia que se atribuye a la apariencia física, y especialmente al peso, en las sociedades desarrolladas, no es difícil que las jovencitas adopten el punto de vista de que todo su valor depende de tener un cuerpo perfecto, y que crean que si consiguen presentar un aspecto externo adecuado, nadie se dará cuenta de lo poco que en realidad valen (véase Mora y Raich, 2005).

3.9. Afecto negativo

Las personas que llegan a presentar trastornos alimentarios tienen una forma de respuesta emocional más hábil que las que no los tienen. Así lo afirman las teorías que defienden que estos trastornos son subformas depresivas. Pero las sucesivas investigaciones que se han llevado a cabo han desmentido estas primeras impresiones. Se ha constatado que la inanición es la causa de depresiones, y que éstas desaparecen cuando se reanuda una alimentación equilibrada. Así pues, en AN sería más la consecuencia de la alimentación más que la causa. Por otra parte, en la anorexia purgativa y en la bulimia nerviosa, así como para el trastorno por atracón, aparece descrita dentro de los factores de riesgo retrospectivos (tabla 3.2), y en el resumen que describe los factores de riesgo más potentes y mejor replicados para bulimia nerviosa (no tanto para la anorexia nerviosa) hallamos un clúster acerca de afecto negativo, neuroticismo y morbilidad psiquiátrica. Esto recuerda que las personas con TCA han sido descritas como más inestables emocionalmente (Garner et al., 1980) y más condicionables ante el castigo, la supresión de reforzadores y la presentación de estímulos nuevos; es decir, con más sensibilidad al castigo.

Por ello, recibirían más a menudo el diagnóstico de trastornos de personalidad. Por ejemplo, Piran et al. (1988) creen que las bulímicas tienden a recibir diagnósticos de personalidad «borderline» (38 por 100) e histriónica (13,1 por 100), mientras que las anoréxicas son diagnosticadas frecuentemente del trastorno de personalidad «evitadora» (33 por 100) y dependiente (10 por 100).

Ante este tipo de causas, que se deducen cuando ya se ha instaurado el trastorno, Fairburn (1993) hace una crítica importante en cuanto a los estudios referidos a la bulimia, afirmando que presentan cuatro problemas:

1. Las muestras estudiadas están formadas por pacientes que siguen un tratamiento. Existe evidencia de que hay muchas mujeres que presentan este trastorno pero no buscan atención clínica. Por tanto, los resultados pueden estar influidos por las características de las personas que acuden a un centro clínico más que por el trastorno en sí mismo.

2. Generalmente se fijan en un solo factor y no contemplan la interrelación.

3. No se incluyen grupos control de población psiquiátrica general, con lo cual se puede llegar a conclusiones como la que resalta la importancia del abuso sexual en la infancia (Pope y Hudson, 1992) en la posterior aparición de estos trastornos. Sabemos que el abuso sexual produce graves problemas psicológicos que se mantienen a largo plazo, pero no necesariamente se han de relacionar con la bulimia (Welch y Fairburn, 1992).

4. Finalmente se ha puesto poco empeño en diferenciar aquellos factores que actúan como predisponentes de los que lo hacen como precipitantes o mantenedores.

En su libro *Cognitive Behavior Therapy and Eating Disorders* (2008), Fairburn propone posponer la evaluación de trastornos de personalidad a una etapa en que se haya superado el trastorno alimentario, ya que la patología del mismo puede estar interfiriendo en su correcto diagnóstico.

3.10. Perfeccionismo

La experiencia clínica y la evidencia experimental indican que el perfeccionismo es común entre personas que sufren TCA incluso antes de presentarlo. Las personas con perfeccionismo clínico se juzgan a sí mismas exclusivamente en términos de «trabajar duro para conseguir determinados *standars*» en áreas de la vida que son importantes para ellos. Si sufren de TCA aplican estos *standars* extremos al comportamiento de comer, peso y silueta corporal y su control. La psicopatología del perfeccionismo intensifica los aspectos de su trastorno alimentario y lo hace más difícil de tratar.

Características del perfeccionismo clínico:

- Sobreevaluación del logro por sí mismo y del logro en áreas de la vida que son importantes para ellos.

- Marginalización de otros aspectos de la vida.

- Persecución rigurosa para conseguir los *standars* que se han fijado, aun sufriendo consecuencias adversas en su rendimiento real y deterioro en otras áreas de su vida.

- No se fijan en cada logro que consiguen, pues éste es reemplazado por otro más exigente.

- Repetida revisión de su rendimiento.

- Miedo a fallar en conseguir los logros fijados.

• Evitación de evaluaciones cruciales de su rendimiento, por miedo a no conseguir el rendimiento deseado.

• Preocupación con pensamientos acerca de su rendimiento (Fairburn, Cooper, Shafran, Bohn y Hawker, 2008).

Sin embargo, el hecho de ser perfeccionista no implica necesariamente la aparición de un TCA, pues éste se ha de asociar a otros factores de riesgo (Toro, 2004).

3.11. Otros factores

Aparte de la presión sociocultural a la esbeltez y del miedo a engordar se han descrito muchísimas otras causas que tienen una mayor o menor participación en la eclosión, mantenimiento y diversidad de presentación (restricción o descontrol) de los trastornos alimentarios.

3.11.1. FACTORES PRECIPITANTES

3.11.1.1. ACONTECIMIENTOS VITALES POTENCIALMENTE ESTRESANTES

La mayoría de autores incluyen entre los factores que ayudan a precipitar un trastorno alimentario a los acontecimientos vitales potencialmente estresantes («life events»). En la ya amplia literatura que los estudia se analizan aquellas circunstancias que aparecen en la vida de una persona y que dan lugar a cambios. Entre los más conocidos podemos hablar de la muerte de un familiar próximo, casarse, divorciarse, perder o empezar un trabajo, tener un hijo... Los primeros estudios versaron sobre los «life events» más frecuentes en adultos (como lo son los que he citado hasta ahora), pero posteriormente se ha realizado un estudio importante sobre los que más pueden afectar a los adolescentes (Compass et al., 1987) y niños (Canalda, 1988) (véanse las tablas 3.8, 3.9 y 3.10).

TABLA 3.8
Escala de acontecimientos vitales (Holmes y Rahe, 1967, traducción
en Valdés y De Flores, 1985)

1. Muerte del cónyuge.
2. Divorcio.
3. Separación conyugal.
4. Encarcelamiento o confinamiento.
5. Muerte de un familiar cercano.
6. Enfermedad o lesión personal grave.
7. Matrimonio.
8. Despido.
9. Reconciliación conyugal.
10. Jubilación.
11. Cambio notable en la salud o en la conducta de un familiar.
12. Embarazo.
13. Dificultades sexuales.
14. Existencia de un nuevo familiar (nacimiento, adopción, etc.).
15. Reajuste financiero importante (reorganización, quiebra, etc.).
16. Cambios importantes en el estado financiero (ganar o perder más de lo habitual).
17. Muerte de un amigo íntimo.
18. Cambio a una línea o tipo de trabajo distinto.
19. Incremento importante en las disputas conyugales.
20. Gran desembolso (comprar una casa, negocios, etc.).
21. Vencimiento de hipoteca o préstamo.
22. Cambios importantes en las responsabilidades laborales.
23. Abandono del hogar por parte de algún hijo.
24. Problemas con la Ley.
25. Triunfo personal sobresaliente.
26. Esposa que empieza o abandona el trabajo fuera de casa.
27. Inicio o finalización de escolaridad.
28. Cambio importante en las condiciones de vida.
29. Cambio de hábitos personales.
30. Problemas con los superiores.
31. Cambios importantes en las condiciones o el horario de trabajo.
32. Cambio de residencia.
33. Cambio a una nueva escuela.
34. Cambio en el tipo y/o cantidad de tiempo libre.
35. Cambio en la frecuencia de ir a la iglesia.
36. Cambio en las actividades sociales.
37. Contraer hipotecas o préstamos.
38. Cambio importante en los hábitos de sueño.
39. Cambio importante en el número de familiares que viven juntos.
40. Cambio importante en los hábitos dietéticos.
41. Vacaciones.
42. Navidad.
43. Transgresión menor de la ley.

TABLA 3.9
Acontecimientos vitales potencialmente estresantes en adolescentes

Compass et al. (1987) han diseñado una escala de doscientos acontecimientos estresantes para adolescentes de 14 a 18 años, en los que miden el impacto, la frecuencia y la deseabilidad. Éstos están clasificados en:

- Intimidad, sexo, romance.
- Familia.
- Compañeros.
- Académicos.
- De autonomía.
- Sociales.

TABLA 3.10
Acontecimientos vitales potencialmente estresantes

G. Canalda (1989) ha desarrollado una escala de ochenta y cuatro acontecimientos vitales para niños, entre los que se pueden destacar los siguientes:

- Nacimiento de un hermano/hermana.
- Separación de los padres.
- Fallecimiento del padre.
- Cambio de vivienda.
- La madre ha empezado a trabajar fuera de casa.
- Cambio de escuela.
- Cambio de etapa escolar.
- Aparición de una enfermedad grave.
- Conflictos importantes con un amigo/a íntimo/a.

La aparición de una de estas circunstancias demanda del sujeto una capacidad de respuesta de la que muchas veces no dispone. Por ello se crea un nivel de tensión que, en el caso de los trastornos alimentarios, puede ayudar a producir el inicio del trastorno.

Aparte de los grandes acontecimientos citados, actualmente se está llevando a cabo el estudio de las perturbaciones y satisfacciones diarias (De Longis et al., 1988; Kanner et al., 1981), puesto que se cree que el estrés cotidiano puede ser tan alterador, por frecuente, como los anteriores (tabla 3.11).

Los acontecimientos vitales citados como desencadenantes de un trastorno alimentario incluyen: cambio de casa, escuela o colegio, enfermedad importante de un miembro de la familia y separación de un amigo (Gomez y Dally, 1980; Pyle, Mitchell

TABLA 3.11
Acontecimientos cotidianos (disgustos y satisfacciones)

De Longuis et al. (1988) han desarrollado una escala en la que se enumeran cincuenta y tres situaciones que pueden valorarse como disgustos o satisfacciones. Algunos ejemplos de ellos son:

- Su/s hijo/s.
- Sus padres o suegros.
- Tiempo pasado en familia.
- Sexo.
- Compañeros de trabajo.
- Cantidad de trabajo.
- Beber alcohol.
- Inversiones.
- Aspecto físico.
- Su salud.
- Noticias.
- El tiempo atmosférico.
- Vecinos.
- Cocinar.

y Eckert, 1981). Otra situación muy estresante y frecuente en la adolescencia es la de las primeras relaciones con personas del sexo opuesto. Posteriormente nos referiremos más a ello.

Es importante tener en cuenta que las consecuencias del estrés no son las mismas para todas las personas. Parece ser que existen mecanismos moderadores que ayudan a superar mejor estas situaciones difíciles. Un buen contacto social, que permita expresar los miedos y angustias que padecemos, es un buen protector. Disponer de un entorno social adecuado también lo es. Generar determinadas expectativas y tener un «lugar de control» (o sea, atribuir el control de las situaciones a lo que hacemos más que a lo que hacen los demás) centrado en uno mismo más que en el exterior, en general es positivo. Saber generar diferentes alternativas de respuesta a un mismo problema, es decir, tener habilidades de resolución de problemas y una cierta confianza en la propia capacidad de respuesta, serían varios de los elementos que pueden ayudar a superar estos momentos conflictivos. Las distorsiones cognitivas, como el pensamiento dicotómico en el que sólo cabe el blanco o negro y que actúan de filtro para juzgar a los elementos externos, incrementan la presión del estrés.

Una menor disposición de estos elementos que llamamos «de afrontamiento» puede favorecer la eclosión de dichos trastornos.

3.11.1.2. Abuso sexual, físico y emocional en la infancia

El que en las biografías de pacientes de TCA aparezca con relativa frecuencia el haber sido víctimas de abuso sexual, ha llevado a algunos autores a considerarlo una causa directa de TCA. Entre los factores de riesgo de la bulimia nerviosa y del trastorno por atracón aparece tanto en los estudios longitudinales como retrospectivos (tabla 3.1 y 3.2), y entre estos últimos aparece también como factor en la aparición de anorexia nerviosa.

La relación entre el abuso sexual infantil (ASI) y los trastornos de la alimentación (TCA) ha sido ampliamente estudiada en poblaciones clínicas y respecto a las mujeres en general. La investigación sobre la relación entre el abuso físico en la infancia (AFI) y los TCA se ha realizado especialmente respecto a mujeres en poblaciones clínicas, y en menor medida en población comunitaria. En una revisión del impacto del abuso físico durante la infancia en la salud, Maniglio (2009) sostiene que el abuso sexual en la infancia debe ser considerado como un factor de riesgo general, no específico para la psicopatología. Según este autor, ciertos problemas, aunque se han hallado relaciones significativas (por ejemplo, trastornos de la alimentación, el sexo sin protección y discapacidad en el aprendizaje), estaban menos relacionados con el abuso sexual en la infancia que otros (por ejemplo, síntomas de estrés postraumático y revictimización). Villarroel Lastra, Penelo, Portell y Raich (aceptado) han estudiado en una muestra de 708 mujeres estudiantes universitarias (de edad media de 22 años) la relación posible entre abuso sexual y físico y síntomas de TCA. Los resultados nos indican que el 14,3 por 100 de estas mujeres han sufrido abuso sexual en la infancia, y el 3,8 por 100 abuso físico. El abuso sexual se relacionó con la subescala del EDE-Q de preocupación por el peso. En otro estudio llevado a cabo por Vilanova y Raich (2006), una muestra clínica de 55 pacientes mujeres con TCA completó diferentes cuestionarios referentes a patología alimentaria, comorbilidad psiquiátrica y autoestima, además de contestar a una serie de preguntas referentes a situaciones abusivas sufridas. Los resultados revelaron que un 69 por 100 de la muestra informó haber sufrido algún tipo de abuso; estas pacientes estaban más deprimidas, mostraban más sintomatología ansiosa y presentaban niveles significativamente más bajos de autoestima que las pacientes que no habían sufrido abusos. Sin embargo, los niveles de alteración alimentaria presentados por ambos grupos no exhibían diferencias estadísticamente significativas. Estos resultados sugieren que las pacientes con TCA con historia de abuso es probable que presenten mayor comorbilidad psiquiátrica que las pacientes sin tal historia de abuso.

3.11.1.3. MADURACIÓN TEMPRANA O MENARQUIA TEMPRANA

Los estudios longitudinales (tabla 3.1) sitúan entre los factores de riesgo tanto de AN como de BN la menarquia temprana (entre los 9 y los 11 años), aportando cada vez más datos sobre su influencia en el desarrollo de comportamientos alimentarios no saludables e incluso de los TCA, así como en el aumento de peso corporal (Koff y Rierdan, 1993; Fairburn, Welch, Doll, Davies y O'Connor, 1997). Kaltiala-Heino, Rimpela, Rissanen y Rantanen (2001), en una muestra de 19.000 chicas finlandesas, encontraron que la pubertad temprana predecía el comienzo de conductas bulímicas. En otro estudio realizado en Escocia en una muestra de 1.900 adolescentes entre 11 y 13 años, Williams y Currie (2000) hallaron relaciones significativas entre maduración temprana e insatisfacción corporal. Asimismo, Striegel-Moore, McMahon, Biro, Schreiber, Crawford y Voorhees (2001) observaron diferencias entre las mujeres que presentaban menarquia temprana y las que no, aunque cuando controlaron el IMC entonces se desvanecieron tales diferencias. Por otra parte, en un estudio de seguimiento de 30 años (Must, Naumova, Phillips, Blum, Dawson-Hugues y Rand, 2005) se ha visto que existían diferencias de peso, ya que las mujeres que habían tenido la menarquia a una edad más temprana presentaban un mayor IMC, y que en realidad este mayor peso era el causante de la menarquia temprana y no a la inversa. Tal y como lo explican Striegel Moore et al. (2001), el desarrollo puberal puede afectar a la percepción de sobrepeso y dar lugar a que se produzca la aparición de comportamientos de riesgo para reducir el peso. Pero el verdadero causante de la aparición de TCA no parece ser el cambio puberal, sino el sobrepeso que acompaña o ayuda a la aparición de la menarquia temprana (Must et al., 2005).

Otros factores que se han de tener en consideración son los mantenedores, que se explican a continuación.

3.11.2. Factores mantenedores

Una vez se ha instaurado el trastorno, existen una serie de factores que intervienen positivamente y los mantienen.

3.11.2.1. Factores cognitivos

Segun Garner y Bemis (1985), la conducta alimentaria alterada se mantiene especialmente por factores cognitivos y conductuales. Fairburn (2008) repite el mismo comentario y lo considera la causa primaria de los TCA.

Una vez se ha llegado a la decisión de que «es absolutamente necesario hacer régimen para adelgazar», y se hace, esta conducta queda reforzada por un procedimiento que los psicólogos llaman de *reforzamiento negativo,* es decir, de evitación de la aversión. Al hacer régimen, o al provocarse el vómito, o al abusar de ejercicio, laxantes y/o diuréticos, huye de una cosa que le causa pavor: la posibilidad de engordar. Beck (1976) ha observado que la conducta de evitación puede ser perpetuada por conjuntos cognitivos que pueden operar de manera autónoma. Un sistema de creencias se desarrolla y actúa como un molde al que se hace adaptar la información que llega. Los datos que son inconsistentes con el sistema son desechados o distorsionados a imagen y semejanza de la creencia predominante. Es decir, si en el curso de la restricción alguien le dice que está demasiado delgada, cambiará o trasformará este mensaje, de manera que puede llegar a confirmarle que en realidad aún está demasiado gorda.

La dieta no sólo está mantenida por la evitación de la situación fóbica (estar gorda), sino también por el refuerzo que recibe al sentirse capaz de controlarse. Le permite autovalorarse, en un momento de crecimiento y afirmación personal, como «fuerte», «orgullosa» y «triunfante».

3.11.2.2. Afecto negativo

Según Polivy y Herman (1993), los episodios de sobreingesta se ven mantenidos porque, por una parte, la persona cuando los inicia se distrae de otras preocupaciones a las que no se ve capaz de atender, y por otra porque la satisfacción que le produce la comida le resulta agradable. No es desconocida la relación entre depresión y dieta. Muchas personas que se ven obligadas a realizar una por motivos de salud buscan ayuda psicológica por su bajo estado de ánimo; en cambio, la desinhibición alimentaria les gratifica.

3.11.2.3. Conductas purgativas

Rosen y Leitemberg (1982, 1988) afirman que los episodios de sobreingesta se ven mantenidos porque las bulímicas saben que a continuación podrán usar los mecanismos purgativos, ya que de lo contrario no son capaces de seguir haciéndolos.

El conocimiento de que tras la sobreingesta podrán deshacerse de sus efectos engordantes les proporciona la seguridad necesaria para llevarlos a cabo. En el modelo de Fairburn (1993) de mantenimiento de los trastornos bulímicos puede apreciarse la capacidad de mantenimiento de los atracones por la realización de las conductas purgativas (figura 3.3).

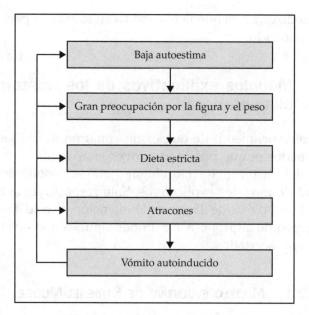

FIGURA 3.3.   Justificación razonada del mantenimiento del trastorno
bulímico (Fairburn, 1993).

3.11.2.4. ACTITUDES FAMILIARES Y DE AMIGOS

La preocupación que se genera en el seno de una familia que tiene a una persona anoréxica es tal, que da lugar a las más variadas conductas. A fin de que la muchacha o el chico afectado no siga adelgazando, se hace todo lo que se puede, y para ello muchas veces se premian muchos comportamientos desadaptativos. Antes se ha hablado de la aceptación de caprichos alimentarios, pero igualmente podemos incluir las discusiones que se generan, los desacuerdos y múltiples culpabilizaciones entre los padres, y un largo etcétera de actitudes que desembocan en una atención extremada al problema. Sabemos que la atención social (aunque sea negativa) es un poderoso reforzador de las conductas, y por ello contribuye con fuerza a que se mantengan.

En cuanto a los amigos, en un primer estadio pueden ser reforzadores del adelgazamiento, al comentar qué avances está consiguiendo con su régimen, pero posteriormente pueden verse alejados de su relación si intentan hacer razonar a la paciente, de modo que ésta queda relegada a su soledad y pensamiento distorsionado.

3.12. Modelos explicativos de los trastornos alimentarios

El convencimiento de que es un conjunto de factores interrelacionados el que puede promover la aparición y mantenimiento del trastorno, ha dado lugar a que se generen una gran cantidad de modelos explicativos. Sólo respecto de la bulimia se han descrito más de 25. No es la intención de este libro hacer un resumen de ellos, pero sí exponer algunos que nos han parecido muy acertados.

3.12.1. MODELO EVOLUTIVO DE STRIEGEL-MOORE

Striegel-Moore (1993) desarrolla una interesante teoría evolutiva de los trastornos alimentarios. Se plantea: ¿por qué mujeres?, y ¿por qué adolescentes?, y alrededor de estas dos preguntas elabora un detallado análisis bien avalado por la investigación. Cree que muy tempranamente las niñas se identifican con su género, el cual evidentemente está ligado a las expectativas de su rol sexual. La feminidad se refiere al grado en el que una chica o una mujer posee las características asociadas con el «estereotipo» de su rol sexual, y hay dos características muy claras de la feminidad: 1) las mujeres están más orientadas interpersonalmente que los hombres, y 2) la belleza es un aspecto central de la feminidad.

En cuanto al primero, parece que las mujeres consideran más relevante preocuparse de los sentimientos y el bienestar de los demás que los hombres. Están más interesadas que ellos en obtener la aprobación social y evitar la desaprobación, y quieren por ello dar la impresión de ser sociables. Por otra parte, en nuestra sociedad se considera más activas a aquellas personas, tanto hombres como mujeres, que son más sociables y «populares».

En las mujeres, el atractivo está además ligado al segundo aspecto, la belleza. En diversos estudios se ha visto que, para que sean consideradas atractivas, las mujeres, más que los hombres, han de ser percibidas como bellas. Los hombres conceden gran importancia a la belleza física de sus parejas, mucho más que las mujeres. Ser delgada es una condición central de la belleza femenina. Dada la gran importancia de la apariencia física en las mujeres para obtener éxito social, y que ellas tienen más en cuenta las opiniones y la aprobación de los demás, no es de extrañar que den a su apariencia y peso una prioridad en su vida.

Las mujeres físicamente atractivas son percibidas como más femeninas que las que no lo son. Las delgadas y que comen poco son consideradas como más femeninas, más atractivas y más preocupadas por su apariencia que las que comen más (Rolls, Federoff y Guthrie, 1991).

Si consideramos seriamente estas premisas de lo que es la feminidad y pensamos en la adolescencia, fácilmente podremos concluir que para las chicas representa un importante conflicto.

Enfrentarse a los cambios corporales, con el aumento de peso y de grasa corporal que es normal en la pubertad de las mujeres, sitúa a la chica en el polo opuesto al modelo social. La autoestima decrece mucho entre las adolescentes.

Por otra parte, es el momento en que suelen producirse las primeras citas entre chicas y chicos. La experiencia de éstas suele ser más estresante para las muchachas que para los chicos, no siendo extraño que ellas atribuyan los fallos a su manera de ser.

Para acabar de complicar el panorama, el mito de la «superwoman» o la mujer que es perfectamente capaz de desempeñar los papeles tradicionales de atractivo y cuidado de la casa con el trabajo profesional, cuando se presenta como convincente en estas edades, parece que contribuye eficazmente a que se presenten trastornos alimentarios.

Es decir, el conjunto de factores socioambientales y la interiorización del «rol» sexual, unidos a la presión estresante de la adolescencia y a la creencia y adopción del mito de la «superwoman», podrían explicar el aumento de dichos trastornos.

3.12.2. MODELO DE DOBLE VÍA DE STICE (2001)

Stice propone un modelo de doble vía en el camino que va desde la normalidad a la adquisición de síntomas bulímicos. Dado un ambiente en el que existe una enorme presión hacia la esbeltez y la interiorización del modelo estético imperante de delgadez, aparece la insatisfacción corporal al comparar el propio cuerpo con el de las maniquíes, y ésta lleva a la realización de dietas así como al afecto negativo. Por ambos caminos se puede llegar a presentar síntomas bulímicos (figura 3.4).

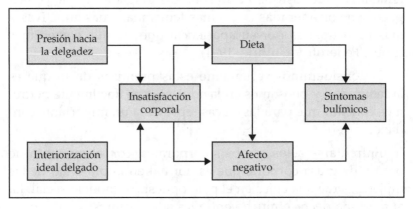

FIGURA 3.4. Modelo de doble vía de Stice (2001).

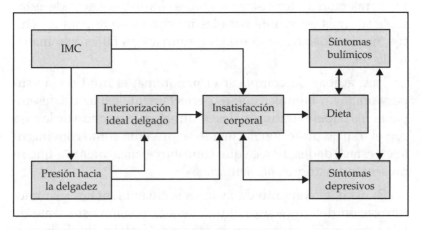

FIGURA 3.5. Modelo de doble vía de Stice (2001), complementado posteriormente.

En una evolución posterior de este modelo, Stice añade como factor de riesgo un IMC elevado (siempre basándose en estudios longitudinales), y la insatisfacción corporal lleva a la dieta o al afecto negativo. De cualquier manera, la dieta provoca o los síntomas bulímicos o el afecto negativo, o incluso ambos (figura 3.5).

3.12.3. MODELO TRANSDIAGNÓSTICO DE FAIRBURN

Según Fairburn (2008), la manera en que están clasificados los TCA apoya el punto de vista de que existen diferentes condiciones de TCA y que cada una de ellas requiere un tipo distinto de tratamiento. El autor cree que existen fuertes razones para cuestionar estas afirmaciones. Entre las razones mencionadas podemos destacar:

1. La manera en que son clasificados los TCA. A partir de la figura 3.6 desarrolla la idea de que la mayor prevalencia de TCA está en los llamados TCANE, y que éstos probablemente quedarán incluidos en el DSM-V, dentro de una definición más amplia de AN y BN.

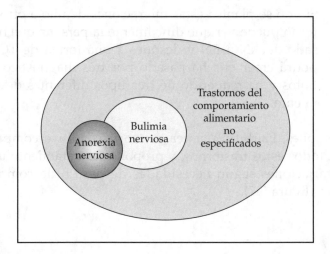

FIGURA 3.6. Prevalencia relativa de los trastornos del comportamiento alimentario.

2. Que lo que llama la atención no es lo que distingue a AN, BN y TCANE, sino lo parecidos que son estos trastornos entre ellos.

3. Que la característica básica de cualquier TCA es que son esencialmente trastornos cognitivos, pues su patología nuclear es de naturaleza cognitiva: sobrevaloración de la figura y el peso y de su control.

4. Que los hábitos alimentarios, la conducta de control de peso y el peso corporal son derivados de esta patología nuclear.

5. Que muchas personas pasan de uno a otro trastorno a lo largo de su enfermedad. La mitad de las personas que sufren AN evolucionan hacia la BN o TCANE. La BN suele evolucionar, por lo menos en un tercio de los casos, hacia formas mixtas de TCANE. Entre un cuarto y un tercio de personas con TCANE tuvieron AN o BN en el pasado. Solamente las personas que sufren de TA parece que presentan unas características un poco distintas, ya que lo presentan en edades superiores a la AN o BN, casi la mitad son varones, se presenta de manera intermitente, y muy pocos tuvieron en el pasado AN o BN.

6. Si uno se plantea estas migraciones de uno a otro trastorno puede ver que difícilmente la persona que ha pasado de AN a BN y después a una forma de TCANE podrá creer que ha pasado por tres diagnósticos distintos y ha requerido de tres tipos diferentes de tratamiento.

Así pues, Fairburn plantea su teoría cognitiva comprensiva de todos estos trastornos, y propone un tratamiento único, con variaciones según necesidades de peso o de comportamiento (figura 3.7).

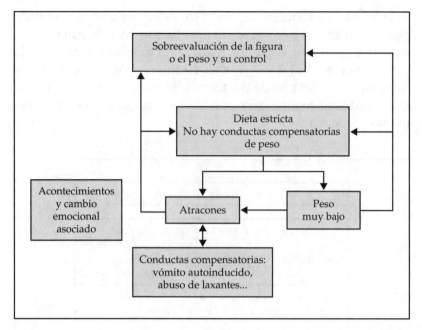

FIGURA 3.7. Representación esquemática de la formulación de la teoría cognitivo-conductual transdiagnóstica (Fairburn, 2008).

3.12.4. PROPUESTA DE UN MODELO EXPLICATIVO

A partir de los datos estudiados nos atrevemos a proponer un modelo que integre las variables más relevantes en la aparición de las preocupaciones por el peso y los trastornos alimentarios.

A nuestro entender, la presión sociocultural a la esbeltez, junto a la estigmatización de la obesidad, juegan un papel fundamental, pero evidentemente es necesario que existan otros elementos para que se desarrollen los trastornos. Estos elementos pueden ser: una herencia genética determinada, un contexto educativo cercano y un ambiente familiar que valore y particularice para la persona implicada estos modelos sociales; una baja autoestima, que determina la necesidad de ser valorada externamente; falta de capacidades de afrontamiento como de resolución de problemas, de autorrelajación, dificultades en el contacto social..., todo ello unido a un peculiar estilo de pensamiento y a la adopción del «mito de *superwoman*» (con un gran perfeccionismo y necesidad de aprobación social). Estos factores, en una mayor o menor medida, actuarían de filtro de la presión sociocultural y llevarían en momentos de estrés a dar una respuesta del tipo de trastorno alimentario, el cual, una vez instaurado, se mantendría por los factores descritos anteriormente.

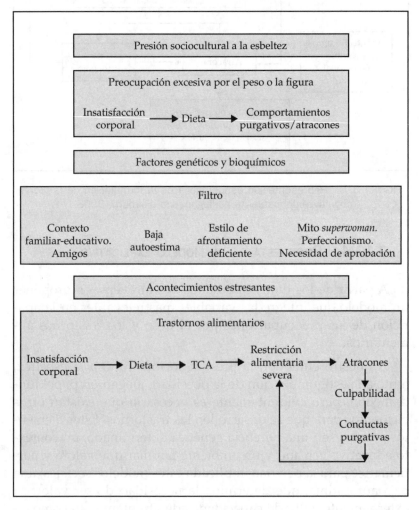

FIGURA 3.8.   Propuesta de modelo explicativo de la aparición de TCA.

Resumen

En este capítulo se ha abordado un tema difícil, que es el de los factores de riesgo de un trastorno de comportamiento alimentario. Actualmente existe una gran cantidad de estudios que permiten conocer, a través de análisis longitudinales, los factores que han demostrado su participación en la eclosión de trastornos de comportamiento alimentario. De todas maneras, se han tenido en cuenta aquellos factores resultantes de estudios retrospectivos que se han considerado relevantes.

Dentro de los factores de riesgo de trastornos de comportamiento alimentario con mayor apoyo empírico, entre los psicosociales se citan: la presión social por estar delgado, la interiorización del modelo estético delgado y la dieta restrictiva.

Entre los personales, se han mencionado la insatisfacción corporal, la historia de burlas relacionadas con la apariencia física por parte de los pares y/o de los progenitores, la autoestima baja, el afecto negativo y el perfeccionismo.

La interacción de estos factores entre sí y con predisponentes genéticos y condiciones biológicos (y también psicosociales) como el sobrepeso/obesidad, puede conducir al desarrollo de un trastorno del comportamiento alimentario.

Dentro de los factores precipitantes, hemos incluido los acontecimientos vitales estresantes y el haber sufrido abuso sexual, físico y emocional en la infancia.

Entre los factores mantenedores se han explicado los cognitivos, el afecto negativo y las conductas purgativas, así como las actitudes de familiares y amigos.

Finalmente, se han presentado diversos modelos explicativos de la aparición de dichos trastornos.

CAPÍTULO 4

Evaluación de los trastornos del comportamiento alimentario

4.1. Factores a evaluar

La evaluación inicial de las personas con trastornos de la alimentación implica una revisión exhaustiva de la historia del paciente, los síntomas actuales, el estado físico, medidas de control de peso y otros problemas psiquiátricos o trastornos como la depresión, ansiedad, abuso de sustancias o problemas de personalidad. Se recomienda consultar a menudo con un médico y un dietista. La evaluación inicial es el primer paso para establecer un diagnóstico y un plan de tratamiento. Véanse en la tabla 4.1 las diferencias y semejanzas entre trastornos del comportamiento alimentario.

En la evaluación inicial de un trastorno alimentario debe valorarse el peso corporal, la historia del peso y sus fluctuaciones, el peso que la persona considera ideal, y la conducta alimentaria, especificando las dietas, descontrol alimentario y conductas purgativas, así como los patrones de comida y restricción que lleva a cabo y todas las cuestiones que aparecen en la tabla 4.2.

Además, es necesario incluir la evaluación adicional expuesta en la tabla 4.3 acerca de los tratamientos previos (si los ha habido), y la historia médica, familiar social y de deterioro psicosocial que Peterson (2005) incluye en su magnífico libro de

TABLA 4.1

Semejanzas y diferencias entre trastornos alimentarios

Área problema	Anorexia nerviosa restrictiva	Anorexia nerviosa bulímica	Bulimia tipo purgativo	Bulimia tipo no purgativo	Trastorno por atracón
Peso corporal	15 por 100 o más por debajo del peso normal	15 por 100 o más por debajo del peso normal	10 por 100 por encima o por debajo del peso normal	10 por 100 por encima o por debajo del peso normal	Sobrepeso u obesidad
Episodios de sobreingesta	No	Sí	Sí	Sí	Sí
Método de control del peso preferido	Severa dieta o ayuno	Severa dieta	Conductas purgativas, alternadas con dietas restrictivas	Dietas estrictas Ejecicio físico excesivo	Dietas
Insatisfacción con la imagen corporal	Sí	Sí	Sí	Sí	Sí
Evitación de situaciones por la imagen corporal	Sí	Sí	Sí	Sí	Sí
Comidas prohibidas	Sí	Sí, aunque presenta episodios de sobreingesta en ellos	Sí, aunque presenta episodios de sobreingesta en ellos	Sí, aunque presenta episodios de sobreingesta en ellos	Sí, aunque presenta episodios de sobreingesta en ellos
Ansiedad después de comer	Sí	Sí	Sí	Sí	Sí

TABLA 4.2
Factores a evaluar durante la entrevista diagnóstica en TCA
(Peterson, 2005)

---

1. Peso corporal:

   - Peso y altura.
   - Peso más alto alcanzado.
   - Peso más bajo alcanzado.
   - Patrón de fluctuación de peso.
   - Peso ideal.

2. Conducta alimentaria:

   - Dieta.
   - Ayuno.
   - Descontrol alimentario, «atracones»:

     - Tipo de comida.
     - Cantidad de comida.
     - Pérdida de control.
     - Duración.
     - Objetivos o subjetivos.
     - Ansiedad tras la ingesta.

   - Conductas purgativas:

     - Vómito autoinducido.
     - Abuso de laxantes.
     - Abuso de diuréticos.
     - Comidas prohibidas.

3. Patrones de comida y restricción:

   - Frecuencia de comidas al día.
   - Tiempo entre comidas.
   - Ayunos y «saltarse comidas».
   - Reglas acerca del contenido y frecuencia de comidas.
   - Evitación de determinadas comidas.
   - Preocupaciones y rituales acerca de la comida.

4. Imagen corporal:

   - Insatisfacción corporal de todo el cuerpo o de partes de él.
   - Influencia del peso y la silueta en la autoevaluación.
   - Percepción corporal y sobreestimación.
   - Miedo a ganar peso.
   - Preocupaciones, rituales de comprobación y conductas de evitación.

---

evaluación de trastornos alimentarios. Asimismo debe valorarse la presencia de comorbilidad (tabla 4.5).

Vamos a comentar más detalladamente los factores más importantes a evaluar.

TABLA 4.3
Cuestiones adicionales incluidas en la entrevista diagnóstica en TCA
(Peterson, 2005)

---

1. Tratamientos previos:

   - Ingreso.
   - Hospital de día.
   - Terapia individual ambulatoria.
   - Terapia de grupo ambulatoria.
   - Medicación.
   - Grupos de autoayuda.

2. Historial médico:

   - Situación actual.
   - Medicamentos y alergias.
   - Historia de menstruación.
   - Diabetes (manipulación de insulina).
   - Historia de problemas electrolíticos.
   - Problemas gástricos: diarrea, estreñimiento.
   - Síntomas físicos y dolor.
   - Desmayos, mareos.
   - Problemas dentales.

3. Historia familiar:

   - Obesidad.
   - Diabetes.
   - Trastornos alimentarios.
   - Trastornos emocionales, conducta suicida y de autolesiones.
   - Trastornos de ansiedad.
   - Abuso de sustancias.
   - Conductas antisociales.

     – Hospitalizaciones psiquiátricas

4. Historia social y del desarrollo:

   - Familia en la infancia.
   - Familia en la adolescencia.
   - Funcionamiento académico y social.
   - Adultez: funcionamiento ocupacional.
   - Historia de abuso.

5. Deterioro del funcionamiento psicosocial:

   - Relaciones (pareja, amigos, compañeros...).
   - Ocupacional.
   - Académico.
   - Relaciones sexuales.
   - Tiempo libre.

4.1.1. PESO CORPORAL

Existen varios métodos para evaluar el peso corporal de un individuo. Los más conocidos son el índice de peso relativo (IPR) (peso ideal – peso real/peso ideal × 100), el índice de Quetelet o de masa corporal (IMC) (peso en kg/talla al cuadrado en cm), y el índice de Brocca (IB) (peso ideal = talla en cm – – 100) Una de las medidas más utilizadas para saber si un individuo de un determinado sexo, edad y altura presenta un peso normal, es el de compararlo con un conjunto de pesos y tallas obtenidos en muestras representativas de su edad, que son las tablas de peso ideal (índice de peso relativo). El procedimiento para saber si un individuo está en su peso ideal, por encima o por debajo, consiste en el uso de la fórmula:

$$\text{Peso real} - \text{Peso ideal}/\text{Peso ideal} \times 100$$

Si el índice resultante se sitúa en 100, corresponde exactamente al peso ideal; 120 o más suele definirse como obesidad, y 80 o inferior como infrapeso. Se ha de tener en cuenta que hay un considerable debate en cuanto a la definición de lo que es el peso ideal. Deben existir tablas de peso y altura, y por edades y sexos; actualmente se utiliza mucho más a menudo el índice de masa corporal.

El índice de masa corporal (IMC) no sólo se utiliza porque ha mostrado una buena correlación con medidas más fiables realizadas en laboratorio sobre tejido adiposo, sino porque es un buen indicador del estado nutricional de un individuo. En un sujeto de 18 años el índice comprendido entre 18,5 y 25 significa la menor probabilidad de enfermedad o muerte. Un IMC de 17 o inferior es un buen indicador de la posibilidad de anorexia nerviosa. Se trata de un índice que resulta muy útil en el proceso terapéutico.

De todas maneras, no es el único ni el mejor método de medición del peso. Es muy útil en la terapia y en la investigación, pero en ocasiones es necesario valorarlo a través de otros métodos más exactos y sofisticados, como las técnicas densinométricas y la medición del pliegue subcutáneo.

TABLA 4.4
Índice de masa corporal

IMC	NIVEL DE PESO
Debajo de 17	Severo infrapeso
De 17,5 a 18,4	Peso bajo
De 18,5 a 24,9	Peso normal
De 25 a 29,9	Sobrepeso
De 30 a 39,9	Moderadamente obeso
De 40 en adelante	Gran obeso

4.1.2. EVALUACIÓN DE LA CONDUCTA ALIMENTARIA

Conocer con exactitud cuál es el método preferido de control del peso es un requisito indispensable. Sabemos que mantener una dieta estricta o ayuno irá en la línea de la anorexia restrictiva. Para obtener información de esta conducta deberemos utilizar diferentes métodos: entrevistas a la persona interesada, a sus familiares o amigos, cuestionarios, autorregistros, observación externa... Posteriormente los describiremos adecuadamente. En cualquier caso, hasta que la paciente no admita su problema se debe ser cauto en la aceptación de las respuestas, puesto que al comienzo no es difícil suponer que la persona que está manteniendo una dieta muy rígida y ha adelgazado dramáticamente en realidad no quiere ser tratada en absoluto, ya que está consiguiendo lo que quería, alejarse de la gordura y del miedo que ésta le producía. Un primer paso que el clínico debe tener siempre presente es la dificultad de aceptación de su problema. No se han de ahorrar esfuerzos en el sentido de intentar demostrarle el malestar que su obsesión le proporciona, pero, en la mayoría de casos, para conocer la realidad de la ingesta en este primer momento se deberá contar con las informaciones de allegados, que servirán para contrastar las del paciente. Por ejemplo, es fácil que una chica anoréxica exponga que ella suele comer preferentemente alimentos «sanos», en cantidad perfectamente suficiente para cubrir sus necesidades y que el problema lo tienen sus familiares, que se preocupan demasiado por cosas sin importancia. Lo que no explicará es cuánta es la comida suficiente, ni que esconde o tira los pocos bocados que toma, ni que reparte sistemáticamente la comida por el plato sin probarla, ni el miedo que siente ante determinados tipos de alimentos.

En el caso de que lo que pretenda sea mantener la dieta estricta, pero la rompe a menudo y consume los alimentos prohibidos en grandes cantidades, lo más probable es que la paciente lo viva con un gran sentimiento de descontrol y, por tanto, de vergüenza. A través de entrevistas, cuestionarios, autorregistros, observación externa y tests de comidas se podrán conocer las particularidades de los episodios de sobreingesta. Es decir, desde la cantidad que la persona considera terriblemente desproporcionada a la opinión que al clínico le merece, desde la frecuencia y duración de los episodios hasta la intensidad del sentimiento de culpa consecutivo. Como éstas son conductas secretas, al paciente no le resultará fácil exponerlas. Probablemente, si los «atracones» se producen en el curso de una anorexia será más difícil obtener esta información directamente del paciente, puesto que la anoréxica suele ser más joven, vive en familia y, por lo general, tiene más temor que la bulímica a exponer su problema.

Calibrar el nivel de ansiedad que es consecutivo a la ingesta de alimentos «prohibidos», saber cuáles son estos alimentos y la posterior utilización o no de conductas purgativas entran dentro de la evaluación de estos trastornos. En el caso de las conductas purgativas es necesario conocer el tipo que se utiliza: provocarse el vómito, abuso de laxantes y/o diuréticos, ejercicio físico extenuante o combinaciones entre ellos, y la frecuencia con que se llevan a cabo, amén de particularidades de su uso.

En cuanto a los alimentos «prohibidos», el evaluador deberá hacer acopio de imaginación, porque aunque en general son aquellos de fácil consumo y altos en calorías, a veces no presentan estas características (por ejemplo, una paciente explicaba que los únicos alimentos con los que se sentía segura eran las ¡¡¡hamburguesas!!!; en cambio, las sopas ocupaban el primer lugar entre los alimentos prohibidos). Por ello, deberá preguntárselo a través de entrevistas, autorregistros y, a veces, haciéndole asistir a un supermercado para que anote cuáles cree que son alimentos permitidos y cuáles no.

4.1.3. EVALUACIÓN DE LA IMAGEN CORPORAL

El concepto de imagen corporal ha sido ampliamente definido en la literatura científica. Aquí nos referiremos a él como la manera en que una persona percibe, siente y actúa respecto a su propio cuerpo. En los trastornos alimentarios de anorexia y bulimia nerviosas se presentan desproporciones al estimar el tamaño de su cuerpo en general o partes de él. La evaluación de estos trastornos debe incluir necesariamente el estudio de la percepción, los sentimientos, las conductas y las cogniciones relacionadas con su propio cuerpo. No podemos olvidar que la creencia nuclear que lleva a los TCA es la sobrevaloración del peso y la figura, y que el desencadenante de los trastornos es la creencia fija de la necesidad de la delgadez, por lo que no es de extrañar que a la hora de valorar su cuerpo no lo considere del tamaño adecuado, ya que si esto no fuese así no se esforzaría en la pérdida de peso. Para evaluar la percepción corporal se han utilizado muchos procedimientos: de distorsión de imagen, analógicos, siluetas, trazado de imagen... No vamos a describirlos aquí; remitimos al lector interesado a Mora y Raich (1993a). El evaluador deberá calibrar la magnitud de la distorsión que presenta el sujeto.

Resulta sorprendente para el clínico y para el sujeto ver plasmado sobre un papel, colocado en la pared, las medidas que ha creído que corresponden a la anchura de espaldas, cintura y caderas vistas de frente representadas en una silueta. Si seguidamente se le pide que se coloque de pie, de espaldas a esta silueta y se le traza el contorno de su cuerpo con un rotulador sobre la silueta anterior puede observar las diferencias. Pueden verse muy pequeñas dentro de las medidas que consideraba las suyas. Este es uno de los métodos más rudimentarios que pueden utilizarse, pero en general es adecuado para demostrarle al sujeto la magnitud de distorsión que realiza (más para el tratamiento que para la evaluación).

Pero no sólo se debe evaluar la percepción, sino que un aspecto fundamental es la insatisfacción. Puede que lleguen a reconocer que exageran, pero que a pesar de ello no se sienten a gusto con su propio cuerpo. Existen varios métodos de evaluación de la insatisfacción corporal que citaremos más adelante; entre ellos se incluyen, principalmente, entrevistas, cuestionarios y autorregistros.

En el segundo capítulo de este libro apuntábamos cómo la evitación de determinadas situaciones reforzaba el miedo a enfrentarse a ellas en el futuro. El clínico debe investigar a fondo todos los aspectos de relación social, las conductas de evitación pasiva y activa que realiza, y el mantenimiento de éstas. Los métodos de evaluación son: entrevistas, cuestionarios y autorregistros.

Las cogniciones, es decir, lo que la persona piensa sobre su cuerpo, están determinando por lo menos en parte cómo se percibe, se siente y actúa. Es tarea del clínico descubrir las distorsiones cognitivas, atribuciones, creencias y expectativas del sujeto sobre su cuerpo, y ahondar en lo que significan para él.

Por ejemplo, un pensamiento automático del tipo: «Estoy gorda», puede no querer decir sólo esto, sino que nadie va a poder quererla, que no es atractiva, que es perezosa porque no se controla suficientemente y que es absolutamente necesario reducir su peso para sentirse mejor. (Para un estudio más a fondo véase Raich, 2006.)

4.2. Evaluación de la patología asociada

Tengamos en cuenta que los pacientes con trastornos alimentarios se sienten «raros», sufren un miedo atroz a engordar, sienten fobia ante determinados tipos de comida, y se sienten aislados socialmente porque no pueden confiar a nadie su problema, o por lo menos a muy pocos y con la condición de que los acepten. Igualmente se encuentran en un dilema: la constatación de problemas físicos que van apareciendo, el miedo a la muerte y la imposibilidad de dejar de controlar su comida. Se sienten constreñidos por sus familiares, que les ofrecen y a veces obligan a consumir alimentos «repugnantes». Tienen dificultades para dormir y descansar. Se notan a menudo muy tristes y lloran porque no se sienten amados. A veces rompen todo su control y se «atracan», con lo que su sensación de culpa aumenta terriblemente. Este panorama nos dice que es necesario evaluar la psicopatología asociada a estos trastornos. En cuanto a los métodos a utilizar, son los usuales para medir aspectos particulares de patología (depresión, ansiedad, trastornos obsesivo-compulsivos), u otros generales como los instrumentos que evalúan personalidad o características psicopatológicas en general.

TABLA 4.5
Síntomas psicopatológicos comórbidos (Peterson, 2005)

* Depresión.
* Distimia.
* Manía e hipomanía.
* Abuso de sustancias y dependencia.
* Ataques de pánico y agorafobia.
* Obsesiones y compulsiones.
* Fobias, incluida la fobia social.
* Historia de traumas y trastorno de estrés postraumático.
* Conductas autolesivas.
* Problemas de control de impulsos.
* Conductas antisociales.
* Disfunción sexual.
* Síntomas psicóticos.
* Síntomas de trastorno de personalidad.

4.2.1. ASPECTOS BIOMÉDICOS

a) Para la anorexia nerviosa

La evaluación biomédica en anorexia nerviosa es tan imprescindible que, en muchas ocasiones, se debe posponer la evaluación de los demás aspectos y llevar a cabo la exploración médica inmediatamente, especialmente en aquellos casos en los que el peso es tan bajo que se aconseja el ingreso inmediato en un centro médico. Hemos expuesto la elevada mortalidad que se produce debido a este trastorno; por ello es muy importante diagnosticar y llevar a cabo esta evaluación lo antes posible. El pronóstico es mucho mejor cuanto antes se detecte.

La exploración médica preliminar deberá cifrar la pérdida de peso, que puede llegar a ser del 50 por 100. Se han citado varios trastornos que deben analizarse:

• Sequedad de la piel, la cual puede llegar a agrietarse.

• Lanugo o aparición de vello, preferentemente en mejillas, espalda, antebrazo y muslos.

• Pigmentación de la piel. Coloración amarillenta en la palma de las manos y la planta de los pies.

• Manos y pies fríos.

• Uñas quebradizas y caída de cabello.

• Hipertrofia parotidea.

• Alteraciones dentarias, como descomposición del esmalte y caries (específicamente cuando se autoinduce el vómito).

Aparte de estos trastornos, se han descrito otros cardiovasculares (bradicardia, hipotensión y, en ocasiones, adelgazamiento de la pared del ventrículo izquierdo), gastrointestinales (hinchazón y flatulencia, dolor abdominal y estreñimiento). A veces, cuando se abusa de laxantes, aparecen diarreas que empeoran el equilibrio electrolítico. También se han descrito alteraciones renales (elevación de la creatinina plasmática, azotemia), hematológicas (anemia frecuente, pero no muy importante) y cambios a nivel hipotalámico y endocrino (amenorrea pesodependiente, por ejemplo), así como cambios en la actividad y secreción de diferentes hormonas y neurotransmisores.

No pretendemos explicar a fondo estos trastornos biomédicos, remitiendo al lector a Grilo (2006), donde puede encontrar una exposición pormenorizada. Solamente queremos enfatizar que, a menudo, se buscan soluciones parciales a algunos de los problemas expuestos, sin reparar en que con ello se va agravando el problema, puesto que no se pone remedio a nivel psicológico, que es donde se inicia. Por ejemplo, buscar solución ginecológica a la ausencia de regla con anticonceptivos hace que artificialmente se solucione el problema, pero al ser una amenorrea que se produce por el bajo peso, en el momento en que deje de tomarlos desaparecerá. O por ejemplo, utilizar depiladores para suprimir el lanugo que ha aparecido con el adelgazamiento no es ninguna solución, sino que tenderá a mantener y agravar el problema.

La mayor parte de las alteraciones físicas que se presentan en el curso de la anorexia nerviosa pueden desaparecer cuando se gana el peso normal.

b) *Para la bulimia nerviosa*

Los síntomas más frecuentes de los que se quejan las pacientes con problemas bulímicos (que muchas veces buscan ayuda médica para ellos sin confesar sus alteraciones alimentarias) son, según Mitchell, Pomeroy y Collon (1990):

- Sudor de pies y manos.
- Dilatación abdominal.
- Cansancio.
- Dolor de cabeza.
- Náuseas.

En la exploración biomédica se pueden hallar:

- Lesiones en el dorso de la mano.
- Hipertrofia de las glándulas salivares.
- Erosión del esmalte dental.
- Anormalidades en fluidos y electrolíticas.
- Lesiones gastrointestinales, como rupturas gástricas.
- Complicaciones pulmonares.
- Deshidratación.
- Trastornos en la menstruación.

En general, las tres primeras alteraciones citadas se refieren al tipo bulímico purgativo, y especialmente al que se provoca el vómito. Las anormalidades en fluidos y electrolíticas y la deshidratación también pueden ser provocadas por el abuso de laxantes y diuréticos, o por la combinación de éstos con el vómito autoinducido. Las complicaciones pulmonares se han descrito como consecuencia del mismo. Las alteraciones en la menstruación pueden estar relacionadas con todos los métodos de control del peso citados, y también, de manera especial, con el ejercicio extenuante.

Aunque los trastornos producidos por la bulimia no revisten la misma gravedad que los de la anorexia, pueden provocar un malestar físico acusado; como veremos en el capítulo dedicado a la terapia, es preciso ser consciente de la relación que existe entre el malestar y los métodos drásticos de control del peso.

4.3. Instrumentos de evaluación

4.3.1. ENTREVISTAS

Usualmente, el primer contacto se lleva a cabo en una entrevista directa con la persona implicada o con sus allegados.

Entrevistas diagnósticas

Las entrevistas estructuradas para la detección y el diagnóstico son muy útiles. La IDED (Interview for Diagnosis of Eating Disorders, de Williamson et al., 1990, y la nueva versión de Kutlesic, Williamson, Gleaves, Barbin y Murphy-Eberenz, 1998) es un instrumento especialmente diseñado para tal fin, y permite la valoración de anorexia, bulimia, sobreingesta compulsiva y obesidad. Aquí presentamos una traducción experimental de la la versión de Kutlesic et al. (1998) (véase la tabla 4.6).

La corrección de esta entrevista la hace el clínico, valorando la gravedad de las respuestas en una escala de cinco puntos para cada uno de los apartados diagnósticos de anorexia, trastorno por atracón, bulimia y TCANE.

Además de poseer carácter diagnóstico, aporta una buena información sobre los aspectos relativos al control del peso, el miedo a engordar, los factores que empeoran o mejoran las conductas alimentarias desadaptadas, y la frecuencia y el tipo de conductas purgativas.

TABLA 4.6
Entrevista para el diagnóstico de trastornos alimentarios
(IDED, Interview for Diagnostic of Eating Disorders de Williamson, 1998)

I. Información demográfica

Fecha:

Nombre: Edad: Etnia:

Fecha de nacimiento: Altura: Peso:

Dirección:

Ocupación: Nivel de educación:

Padre/madre (si es menor de edad): Nivel de educación:

Ocupación pareja: Nivel de educación pareja:

Referido por:

Medicación que toma:

Tratamientos anteriores:

	Profesional	Período	Resultados
1.			
2.			
3.			
4.			

II. Instrucciones detalladas para la administración de la IDED

La IDED comienza con una visión general de la historia de los síntomas alimentarios, una descripción general de la queja principal y preguntas generales sobre el funcionamiento general de la persona.

Empezar por los aspectos demográficos sienta las bases para la sección de diagnóstico, más estructurada, que sigue a la información general. El resumen concluye con preguntas generales sobre el funcionamiento actual, que permite reenfocar el tema en sus condiciones actuales y proporcionar una transición natural a las secciones de diagnóstico.

Cuando se ha terminado esta primera sección, el entrevistador tiene suficiente información como para hacer una primera tentativa de diagnóstico diferencial.

Cada sección comienza con un encabezamiento que señala al entrevistador a qué criterio del DSM-IV se refiere para el diagnóstico calculado al final de cada serie de preguntas. La mayoría de los ítems están valorados en una escala de 5 puntos, en los que tanto la frecuencia como la severidad están contempladas. Una puntuación de 3 o más en cada uno de los síntomas denota la presencia de dicho síntoma.

TABLA 4.6 *(continuación)*

Debido a que las categorías diagnósticas para los TCA se repiten, se encuentran instrucciones para transferir información obtenida en los ítems de un síntoma a otro.

El entrevistador debe estar alerta para no repetir innecesariamente las preguntas y para hacer constar todos los resultados en la lista final diagnóstica.

III. Evaluación general e historia del problema

Para poder entender el curso que ha seguido su peso y sus problemas con la alimentación, vamos a revisar las edades en que experimentó cambios importantes en el peso y algún acontecimiento que le pueda haber afectado.

Para completar la tabla que está abajo puede comenzar con preguntas como las siguientes:

a) Durante su infancia, ¿qué cambios importantes experimentó en su peso? (Anotar edad y el mayor y menor peso.)
b) ¿Hubo algún acontecimiento que tuviese que ver con estos cambios?
c) ¿Cómo afectaron estos acontecimientos a su patrón alimentario?

Infancia (nacimiento a 11 años)	Edad/ peso	Acontecimientos	Efectos en la comida
Adolescencia (12-19 años)	**Edad/ peso**	**Acontecimientos**	**Efectos en la comida**
Adulto/joven (20-34 años)	**Edad/ peso**	**Acontecimientos**	**Efectos en la comida**

TABLA 4.6 *(continuación)*

Adulto (35-49 años)	Edad/ peso	Acontecimientos	Efectos en la comida
Adulto (50 o más años)	Edad/ peso	Acontecimientos	Efectos en la comida

Estado actual del problema

1. ¿ Qué tipo de problemas tiene con la comida o relacionados con el peso?

2. ¿Puede describir un ejemplo de los tipos y de la cantidad de comida que puede ingerir en un día típico? ¿Y si hace dieta?

	Día normal	Dieta
Desayuno		
A media mañana		
Comida		
Merienda		
Cena		
Después de cenar		

3. ¿Ha tenido problemas médicos?

4. ¿Ha tenido problemas dentales?

TABLA 4.6 *(continuación)*

Información familiar

1. ¿Cuántas personas viven en su casa?

2. ¿Conocen su problema? Sí/No. Si es que sí, ¿cómo reaccionan o se sienten respecto a su problema?

3. ¿Quién podría participar en su tratamiento?

4. ¿Hay alguien en su familia que tenga un trastorno alimentario o problemas relacionados con el peso? ¿Obesidad? Sí/No. Si es sí, descríbalo.

5. ¿Hay alguien en su familia que tenga problemas psiquiátricos? Sí/No. Si es sí, descríbalo.

ANOREXIA NERVIOSA

Criterio A. Rechazo a mantener un peso adecuado a su altura y edad

1. ¿Pasa a menudo períodos de tiempo sin comer (ayunando) para controlar su peso? Sí/No. Si la respuesta es sí, descríbalo:

2. ¿Cuándo comenzó a perder peso a base de restringir su ingesta?

3. ¿Hay algún factor o situación que le parece que incrementa los períodos de ayuno?

4. ¿Hay algún factor o situación que le parece que disminuye los períodos de ayuno?

5. ¿Cuál es el peso al que quiere llegar o en el que quiere estar?

Aquí es necesario el uso de una tabla de pesos por altura.

Puntuación 3, cumple criterio

Rechazo a mantener un peso adecuado por edad y altura.

1	2	3	4	5
Peso inferior al 9% del normal	Peso inferior entre el 9 y el 14% del normal	Mantener un peso entre el 15 y el 20% por debajo del normal	Mantener un peso entre el 21 y el 26% por debajo del normal	Un peso inferior al 26% por debajo del normal

TABLA 4.6 *(continuación)*

B. Miedo a la ganancia de peso

1. ¿Cree que su peso es normal? Sí/No. Si la respuesta es sí, descríbalo:

2. ¿Cuántas veces se pesa al día?

3. ¿Qué sentiría si ganase:
   - 1 kg

   - 2 kg

   - 4 kg?

Puntuación 3, cumple criterio

Miedo a la ganancia de peso

1	2	3	4	5
Miedo mínimo	Miedo moderado	Miedo intenso	Miedo extremo	Miedo debilitante

C. Trastorno de la imagen corporal

1. ¿Quiere estar más delgado/a?

2. ¿Piensa y se preocupa a menudo por su peso y su silueta? Sí/No. Si la respuesta es sí, descríbalo:

3. ¿A menudo se siente «gordo/a»? Sí/No. Si la respuesta es sí, descríbalo:

Puntuación 3, cumple criterio

1	2	3	4	5
Nunca	Algunas veces	A menudo	Casi siempre	Siempre

TABLA 4.6 *(continuación)*

4. ¿Cómo le influencia su talla corporal en cómo se siente?

Puntuación 3, cumple criterio

1	2	3	4	5
Influencia mínima	Influencia algunas veces	Influencia la mayor parte del tiempo	Influencia casi siempre	Influencia siempre

5. ¿Cree que su peso actual le está creando algún problema? (médico, emocional, familiar...).

Puntuación 3, cumple criterio

Negación del bajo peso

1	2	3	4	5
No niega	Alguna vez	Negación moderada	Negación fuerte	Negación extrema

D. Irregularidades en la menstruación

1. ¿Cuándo tuvo su última menstruación?

2. ¿Ha tenido irregularidades en los últimos tres meses? Sí/No.

3. Si la respuesta es sí, ¿hay alguna razón médica que la explique?

4. ¿Está tomando alguna medicación hormonal, como anticonceptivos? Si la respuesta es sí, ¿cuánto tiempo las lleva tomando?

5. ¿Ha observado si sus menstruaciones desaparecen cuando para de tomar píldoras anticonceptivas?

6. ¿Durante cuánto tiempo ha dejado de tener la menstruación?

Puntuación 3, cumple criterio

Amenorrea

1	2	3	4	5
Muy regular	Fallos 1 o 2 menstruaciones en 3 meses	No menstruación en los últimos 3 meses	No menstruación en los últimos 5 meses	No menstruación en los últimos 6 o más meses

TABLA 4.6 *(continuación)*

TRASTORNO POR ATRACÓN

A. Atracón. Episodios recurrentes

1. A veces, ¿se «atraca» de comida? (Es decir, come grandes cantidades de comida en un período discreto de tiempo.)

2. ¿Qué tipo de comida toma durante el atracón?

3. ¿Cree a veces que ha comido demasiado, aunque en realidad sólo haya consumido pequeñas porciones de alimentos «engordantes»? Sí/No. Descríbalos.

4. ¿Cuándo ocurren estos atracones? (Durante la comida, después de comer, a lo largo del día.)

5. ¿Cuánto duran estos episodios?

Puntuación 3, cumple criterio

Gran cantidad de comida

1	2	3	4	5
No lo hace	Cantidad de comida normal	Cantidad de comida superior a lo normal	Cantidad de comida superior a la de un atracón	Cantidad de comida enorme

B. Atracón. Pérdida de control

1. ¿Cree que no puede dejar de comer una vez ha comenzado su atracón?

2. ¿Se siente «fuera de control» muy a menudo en un atracón?

Puntuación 3, cumple criterio

1	2	3	4	5
Control	Descontrol ocasional	Descontrol frecuente	Descontrol constante	Descontrol total

---

TABLA 4.6 *(continuación)*

C. Indicadores conductuales

1. Cuando hace un atracón, ¿cree que come mucho más rápido que habitualmente? Sí/No. Descríbalo.

Puntuación 3, cumple criterio

Comer deprisa durante atracones

1	2	3	4	5
No lo hace	Razonable	Muy rápido	Frenético	Muy frenético

2. Cuando se atraca, ¿come hasta sentirse incómodamente lleno?

Puntuación 3, cumple criterio

Comer hasta sentirse incómodamente lleno

1	2	3	4	5
No lo hace	Come hasta sentirse lleno	Se siente muy lleno entre el 50 y el 70% de las veces	Se siente muy lleno entre el 75 y el 95% de las veces	Se siente muy lleno

3. ¿Cuán a menudo come grandes cantidades de comida sin tener hambre?

Puntuación 3, cumple criterio

Comer mucho a pesar de no sentirse hambriento

1	2	3	4	5
Nunca				Cada día

4. ¿Cuán a menudo come solo porque le da vergüenza que vean lo que come?

Puntuación 3, cumple criterio

Comer solo

1	2	3	4	5
Nunca				Cada día

TABLA 4.6 *(continuación)*

---

5. ¿Hay algún factor que incremente la frecuencia de sus atracones?

6. ¿Hay algún factor que disminuya la frecuencia de sus atracones?

7. ¿Qué emociones suele experimentar?

   • Antes:

   • Durante:

   • Después:

Puntuación 3, cumple criterio

Afecto negativo

1	2	3	4	5
Nunca	Mínimo	Moderado	Severo	Muy severo

C. Marcado malestar

1. ¿Cuánto malestar ha experimentado debido a sus atracones?

Puntuación 3, cumple criterio

Malestar

1	2	3	4	5
Nunca	Mínimo	Moderado	Severo	Muy severo

D. Frecuencia de atracones

1. De media, ¿cuán a menudo se atraca y cuánto tiempo lo ha estado haciendo?

   • A diario:

   • A la semana:

   • Al mes:

TABLA 4.6 *(continuación)*

2. ¿Durante cuánto tiempo se ha atracado por lo menos dos veces por semana?

   a) Si la persona ha realizado atracones dos días a la semana durante los 6 meses anteriores: criterio para trastorno por atracón.

   b) Si la persona ha realizado atracones dos días a la semana durante los 3 meses anteriores: criterio para bulimia nerviosa.

E. Para tener el diagnóstico de trastorno por atracón el/la paciente debe presentar:

1. Ausencia de conductas compensatorias.
2. Ausencia de bulimia nerviosa.
3. Ausencia de anorexia nerviosa.

BULIMIA NERVIOSA

A. Episodios recurrentes de atracones

Puntuación 3, cumple criterio

Episodios recurrentes de atracones

1	2	3	4	5
No lo hace	Cantidad de comida normal	Cantidad de comida superior a la normal	Cantidad de comida superior a la de un atracón	Cantidad de comida enorme

Puntuación 3, cumple criterio

Episodios recurrentes de atracones. Control

1	2	3	4	5
Control	Descontrol ocasional	Descontrol frecuente	Descontrol constante	Descontrol total

B. Conductas compensatorias

1. ¿Lleva a cabo «conductas purgativas» (vomita, abusa de laxantes o diuréticos después de los «atracones»? Sí/No.

2. ¿Cuándo empezó a hacerlo?

3. ¿Hay algún factor que incremente la frecuencia de sus atracones?

TABLA 4.6 *(continuación)*

4. ¿Hay algún factor que disminuya la frecuencia de sus atracones?

5. ¿Se provoca el vómito?

Puntuación 3, cumple criterio

Conductas compensatorias: vómito autoprovocado

1	2	3	4	5
No		Varias veces al mes		Varias veces al día

6. ¿Abusa de laxantes?

7. ¿Abusa de diuréticos?

Puntuación 3, cumple criterio

Conductas compensatorias: abuso de laxantes o diuréticos

1	2	3	4	5
No		Varias veces al mes		Varias veces al día

8. ¿Hace dietas estrictas muy a menudo? Descríbalas.

9. ¿Toma píldoras para perder peso?

10. ¿Cuán a menudo empieza una dieta estricta?

Puntuación 3, cumple criterio

Conductas compensatorias: dietas estrictas o ayunos

1	2	3	4	5
No		Varias veces al mes		Cada día

11. ¿Procura hacer ejercicio físico vigoroso para quemar calorías? Sí/No.

Puntuación 3, cumple criterio

Conductas compensatorias: ejercicio físico

1	2	3	4	5
No		Varias veces al mes		Cada día más de una vez

TABLA 4.6 *(continuación)*

C. Frecuencia de atracones en los últimos tres meses

a) Si la persona ha realizado atracones dos días a la semana durante los seis meses anteriores: criterio para trastorno por atracón.

b) Si la persona ha realizado atracones dos días a la semana durante los tres meses anteriores: criterio para bulimia nerviosa.

12. ¿Cómo le influencia su talla corporal en cómo se siente?

Puntuación 3, cumple criterio

D. Influencia exagerada del peso o silueta corporal en la autoevaluación

1	2	3	4	5
Influencia mínima	Influencia algunas veces	Influencia la mayor parte del tiempo	Influencia casi siempre	Influencia siempre

TCANE

D. Conductas purgativas tras comer pequeñas cantidades de comida

1. ¿Realiza a veces conductas purgativas tras ingerir pequeñas cantidades de comida?

2. Si es que sí, ¿cuántas veces lo hace y desde cuándo?

E. Mastica pequeñas cantidades de alimento y después lo escupe

1. ¿Ha probado a controlar su peso masticando y escupiendo comida?

2. ¿Cuántas veces y durante cuánto tiempo?

Otros problemas alimentarios

1. Comida nocturna.

No podemos exponerlo, pero esta entrevista puede utilizarse como detección de síntomas; en este caso, el autor recomienda escoger como punto de corte el 3 en la escala de 5 mencionada antes.

La IDED permite por tanto cubrir el análisis de los factores a evaluar en los trastornos anoréxicos, bulímicos y TCANE de la conducta alimentaria, según el DSM-IV, y en menor medida de los relacionados con la imagen corporal.

También se puede utilizar la EDE (Eating Disorder Examination) de Fairburn (Fairburn y Wilson, 1993). La doceava versión de esta entrevista estructurada que se realizó ocho años antes, y que permite analizar a fondo la presencia de trastornos alimentarios como la anorexia y la bulimia, es la que nuestro grupo ha traducido y adaptado (Raich, Mora, Sánchez-Carracedo y Torras, 2000). Esta versión presenta la característica de que puede ser utilizada para el diagnóstico. Tradicionalmente ha consistido en una entrevista larga, en la que el clínico no debe mostrar ningún tipo de impaciencia, con una duración aproximada de 60 minutos. Actualmente la duración es mucho más corta y cambian las preguntas que se hacían relativas a las últimas cuatro semanas, por las necesarias para el diagnóstico,

TABLA 4.7
Las cuatro subescalas de la EDE de Fairburn y Wilson (1993)

RESTRICCIÓN	PREOCUPACIÓN POR LA FORMA CORPORAL
• Restricción de ingesta. • Evitación de ingesta. • Evitación de comida. • Reglas diarias. • Estómago vacío.	• Vientre dilatado. • Importancia de la forma (silueta). • Preocupación por la forma o el peso. • Insatisfacción con la forma corporal. • Miedo a engordar. • Malestar al ver su cuerpo. • Evitación de la exposición. • Sentimientos de gordura.
PREOCUPACIÓN POR LA COMIDA	PREOCUPACIÓN POR EL PESO
• Preocupación por la comida, por comer y por el contenido de las calorías. • Miedo a perder el control sobre la ingesta. • Comida socializada. • Comer en secreto. • Culpabilidad sobre la comida.	• Importancia del peso. • Reacción al pesarse. • Preocupación por el peso o la silueta. • Insatisfacción con el peso. • Deseo de perder peso.

de los tres últimos meses. Analiza en profundidad las subescalas siguientes: restricción, preocupación por la comida, preocupación por la forma corporal y preocupación por el peso.

Este instrumento tiene buena consistencia interna y validez discriminante, moderada validez concurrente, y es sensible al cambio producido por el tratamiento.

Fairburn presenta la versión 16 de dicha entrevista en su libro publicado en 2008.

Lo más original de esta entrevista es la insistencia en la descripción de las conductas, sentimientos y preocupaciones que rodean al trastorno alimentario. Por ello permite cubrir los factores respecto a conducta alimentaria, imagen corporal y aspectos emocionales relacionados con la ingesta.

Otra entrevista estructurada que recoge de manera general las características referentes a todos los trastornos alimentarios es la Stanford Eating Disorders Clinic de Agras (1987), la cual contiene una serie de ítems dirigidos a evaluar la restricción alimentaria y los episodios de sobreingesta.

Entrevistas para evaluar la psicopatología asociada

Williamson et al. (1990) presentan una breve entrevista para evaluar la psicopatología secundaria a los trastornos alimentarios (BISP, Brief Interview of Secondary Psychopathology), que permite analizar la presencia de depresión y ansiedad en el último mes. Se hace recordar al paciente circunstancias referentes a este período para fijar la memoria en él y se formulan una serie de preguntas sobre estado de ánimo, sueño, cambios corporales, aspectos obsesivo-compulsivos, interés en actividades, desesperanza, baja autoestima, capacidad de concentración e ideación suicida. A continuación se analizan aspectos de relación social: amistad y pareja, y finalmente se inquiere sobre posible abuso de sustancias. Incluye un índice de corrección.

La SCID-1 (First et al., 1996) es la entrevista diagnóstica de los trastornos psiquiátricos del eje 1 más utilizada.

De hecho, cualquier entrevista estructurada que analice psicopatología general puede ser empleada con este fin, teniendo presente, obviamente, que los aspectos relacionados con la pérdida de peso, el apetito y la evaluación corporal estarán alterados.

Las áreas psicopatológicas que se deben analizar son: depresión, ansiedad, incluyendo trastornos obsesivo-compulsivos y crisis de ansiedad, aislamiento o falta de relaciones sociales y, especialmente en bulimia, trastornos de personalidad, impulsividad y abuso de sustancias.

Entrevistas para evaluar la imagen corporal

Rosen y Reiter (1995) desarrollaron y perfeccionaron la BDDE (Body Dismorfic Disorder Examination), que es una entrevista estructurada que permite diagnosticar el trastorno dismórfico o dismorfofobia y medir síntomas de una imagen corporal severamente negativa.

Presenta una serie de ventajas, como que puede ser utilizada tanto en hombres como en mujeres, discrimina ideas sobrevaloradas de la apariencia física, puede utilizarse para diagnosticar dismorfofobia, y es igualmente útil para otras poblaciones clínicas que sufren preocupaciones sobre su apariencia física. Por ello, es especialmente adecuada para medir los aspectos cognitivos, emocionales y conductuales respecto a la imagen corporal en los trastornos alimentarios. Consta de un cuadernillo para el entrevistador en el que hay 33 preguntas que pueden contestarse en una escala de siete puntos (de 0 a 6), una hoja de puntuación para el entrevistador y otra para el entrevistado. Rosen y Reiter (1995) han demostrado su validez discriminante en trastornos alimentarios. El punto de corte que se suele utilizar es el de 60 o superior a 60. En general, se refiere a los hechos acontecidos durante las últimas cuatro semanas, y presenta la característica de que se pueden evaluar aspectos de distorsión cognitiva, perceptiva, emotiva y conductual. La Unitat de Teràpia i Modificació de Conducta de la Universitat Autónoma de Barcelona ha realizado su traducción y comprobado su validez concurrente (Raich, Mora y Soler, 1994).

4.3.2. AUTOINFORMES

El interés despertado por los trastornos alimentarios ha dado lugar a una intensa investigación que ha generado una larga lista de autoinformes o cuestionarios. Éstos permiten controlar la aparición de síntomas, dar un índice de gravedad y ahondar en aspectos relacionados con el trastorno a través de la contestación directa de la persona que los sufre. Los clasificaremos entre los que nos permiten hacer aproximaciones diagnósticas (jamás se puede diagnosticar sólo a través de autoinformes) y los que se refieren a aspectos concretos de la imagen corporal.

4.3.2.1. AUTOINFORMES DE ACTITUDES Y SÍNTOMAS DE LOS TRASTORNOS ALIMENTARIOS

El más conocido y ampliamente utilizado es el Eating Attitudes Test (EAT), de Garner y Garfinkel (1979). Consta de 40 ítems sobre diferentes síntomas relacionados con anorexia nerviosa, que se contestan en una escala de seis puntos (desde «nunca» hasta «siempre»). Analiza tres factores: control oral, dieta y bulimia. Existe una versión reducida de 26 ítems.

La adaptación española fue llevada a cabo por Castro, Toro, Salamero y Guimerá (1991). Proporciona una buena medida de características anoréxicas: miedo a engordar, motivación para adelgazar y patrones alimentarios restrictivos. La versión original consta de 40 ítems, y el punto de corte propuesto por los autores es de 30. En la adaptación española se recomienda emplear un punto de corte de 20, ya que las anoréxicas españolas puntuaron más bajo en la primera entrevista que en el grupo original, y es probable que en las primeras fases nieguen trastorno (y sus síntomas), de manera que una puntuación inferior puede ser sintomática. Esta medida es idónea para identificar problemas alimentarios en problaciones no clínicas, y un buen instrumento de *screenning*. Sin embargo, existen dificultades cuando se utiliza para discriminar y evaluar a la población bulímica. Es capaz de detectar bulímicas en población general, pero no es capaz de discriminar entre anorexia y bulimia nerviosa.

Garner et al. (1982) realizaron una versión reducida de 26 ítems (EAT-26), cuya puntuación de corte es 20 (Perpiñá, Botella y Baños, 2006).

Actualmente disponemos de versiones validadas en español del Childrens EAT (Rojo-Moreno, García-Miralles, Plumed, Barbera, Morales, Ruiz y Livianos, 2010), así como de versiones de EAT-26 (Rivas, Bersabé, Jiménez y Berrocal, 2010).

TABLA 4.8
Factores en el EAT (Eating Attitudes Test) de Garner y Garfinkel (1979)

FACTOR DE BULIMIA
Ítems: • Me preocupo por la comida. • A veces me atraco de comida y siento que no puedo parar. • Vomito después de comer. • Siento que la comida controla mi vida. • Dedico demasiado tiempo y pensamientos a la comida. • Tengo el impulso de vomitar después de comer.
FACTOR DE CONTROL ORAL
Ítems: • Evito comer cuando tengo hambre. • Corto mi comida en trozos pequeños. • Siento que los demás preferirían que comiese más. • Los demás piensan que estoy demasiado delgado. • Tardo más que los demás en comer. • Me controlo en las comidas. • Noto que los demás me presionan para que coma.
FACTOR DE DIETA
Ítems: • Me da mucho miedo pesar demasiado. • Tengo en cuenta las calorías que tienen los alimentos que como. • Evito especialmente comer alimentos con muchos hidratos de carbono. • Me siento muy culpable después de comer. • Me preocupa el deseo de estar más delgado. • Pienso en quemar calorías cuando hago ejercicio. • Me preocupa la idea de tener grasa en el cuerpo. • Procuro no comer alimentos con azúcar. • Como alimentos de régimen. • Me siento incómodo después de comer dulces. • Me comprometo a hacer régimen. • Me gusta sentir el estómago vacío. • Disfruto probando comidas nuevas y sabrosas.

El EDI (Eating Disorder Inventory) es un autoinforme de 64 ítems diseñado para medir las características cognitivas y conductuales de la anorexia y la bulimia nerviosas (Garner, Olmstead, Bohr y Garfinkel, 1982). Tiene ocho subescalas, que están relacionadas positivamente: motivación para adelgazar, bulimia, insatisfacción corporal, ineficacia, perfeccionismo, desconfianza interpersonal, conocimiento interoceptivo y miedo a la madurez. Las escalas más útiles son las de preferencia por la delgadez, insatisfacción corporal y bulimia. Existe la versión española, que ha sido validada y presenta todas las cualidades psicométricas que permiten utilizarla (Guimerà, Querol y Torrubia, 1987). Garner publicó en TEA en 1998 una nueva versión del EDI con nuevas subescalas: ascetismo, control de impulsos e inseguridad social.

Un cuestionario que pretende específicamente estudiar la Bulimia es el Bulit (Bulimia Test) de Smith y Thelen (1984). Se basa en los criterios del DSM-III. Se han derivado seis factores: vomitar, episodios de sobreingesta, sentimientos negativos acerca de éstos, problemas de menstruación, preferencia por alimentos altamente calóricos y de rápida ingestión y fluctuaciones del peso. Este cuestionario ha sido traducido y adaptado por Mora y Raich (1993b). Los factores obtenidos en este estudio aparecen en la tabla 4.9.

TABLA 4.9
Factores del Bulit

1. DIETA Y HUMOR NEGATIVO
Ítems:
19. He intentado perder peso ayunando o haciendo dietas intensivas.
20. Me siento triste y deprimida después de comer más de lo que había planeado comer.
14. Me siento mal conmigo misma después de comer demasiado.
2. BULIMIA
Ítems:
17. Como mucho incluso cuando no estoy hambrienta.
1. ¿Comes alguna vez incontroladamente hasta el punto de hincharte (atracándote)?
8. Como hasta sentirme demasiado cansada para continuar.

TABLA 4.9 *(continuación)*

3. PREFERENCIAS ALIMENTARIAS DURANTE UNA COMILONA
Ítems: 21. En una comilona, tiendo a comer alimentos altos en calorías. 9. ¿Con qué frecuencia prefieres comer helado, batidos o dulces durante una comilona?
4. IRREGULARIDADES MENSTRUALES
Ítems: 33. Mi último período menstrual fue...
5. VÓMITO AUTOINDUCIDO
Ítems: 15. ¿Con qué frecuencia te provocas el vómito después de comer? 30. ¿Con qué frecuencia vomitas después de comer para perder peso?
6. FLUCTUACIONES DEL PESO
Ítems: 32. ¿Cuál es el máximo peso que has ganado alguna vez en un mes? 25. ¿Cuál es la mayor cantidad de peso que has perdido alguna vez en un mes?
7. ABUSO DE LAXANTES Y DIURÉTICOS
Ítems: 7. Uso laxantes o supositorios para controlar mi peso. 34. Uso diuréticos para controlar mi peso.

Nota: Los factores están ordenados según el porcentaje de variabilidad que explican.
Fuente: Mora y Raich, 1993b.

Para medir la dieta, Herman y Polivy (1980) diseñaron la *Restraint scale,* que en 10 ítems pregunta no sólo por la dieta, sino también por la preocupación por el peso y por la posibilidad de aceptación de su fluctuación.

EDE-Q

El Eating Disorders Examination Questionnaire (EDE-Q) es un cuestionario de autoinforme ampliamente utilizado para medir la conducta alimentaria, derivado de la EDE (Fairburn y Cooper, 1993). Como ya hemos visto, la EDE es una entrevista estructurada con excelentes propiedades psicométricas, por lo que muchos investigadores lo consideran el método de elección para la evaluación de la psicopatología específica de los trastornos alimentarios. Sin embargo, el EDE tiene varias desventajas. Se requiere un entrenamiento y puede llevar mucho tiempo, siendo por tanto costoso de administrar. Además, debe realizarse de forma individual. Por tanto, el EDE-Q se perfila como una buena alternativa.

Los estudios sobre la validez del EDE-Q han demostrado un alto nivel de acuerdo entre el EDE-Q y la EDE en la evaluación de las características fundamentales de la psicopatología alimentaria en la población general. Más allá de otros cuestionarios existentes, la ventaja del EDE-Q es que no sólo evalúa trastorno alimentario y actitudes, sino también comportamientos específicos y la frecuencia de cada comportamiento relacionado con trastornos de la alimentación, como se define en el *Manual Diagnóstico y Estadístico de los Trastornos Mentales*. Ha sido adaptado para mujeres en nuestro país por Villarroel et al. (en prensa).

4.3.2.2. AUTOINFORMES SOBRE LA IMAGEN CORPORAL

El valor diagnóstico que tiene la insatisfacción corporal en los trastornos alimentarios ha dado un impulso a la publicación de diferentes instrumentos que permiten medir percepción distorsionada, insatisfacción y comportamientos de evitación activa y pasiva. Asimismo, se han desarrollado otros que lo que evalúan es la presión social hacia un modelo estético corporal determinado.

Para medir la distorsión perceptiva se han utilizado diferentes métodos, como indicabamos anteriormente. No vamos a describirlos aquí, pero el lector interesado puede hallar información en Mora y Raich (1993a) y Raich (2006).

Algunos miden la insatisfacción con la imagen corporal, como el Body Shape Questionnaire (BSQ) de Cooper et al. (1987), la subescala del EDI del mismo nombre, y de una manera ligeramente distinta las escalas de «siluetas» o de figuras, como la de Williamson et al. (1990). En estas últimas escalas se muestran nueve figuras que van desde muy delgadas hasta muy gruesas, y los sujetos deben escoger aquella que creen representa mejor su talla y la que les gustaría tener. Resulta curioso que la mayoría de mujeres se sitúa en las siluetas mayores y desearía estar en siluetas menores. En cambio, cuando se les pregunta a los hombres qué siluetas consideran más atractivas tienden a escoger figuras mayores que las que las mujeres, como media, consideran más bellas.

El BSQ (Body Shape Questionnaire) o Cuestionario de la forma corporal es un cuestionario que se refiere al cuerpo femenino. Consta de 34 ítems, que pueden contestarse en una escala de seis puntos. Mide insatisfacción corporal, miedo a engordar, sentimientos de baja autoestima a causa de la apariencia y deseo de perder peso. Está traducido y adaptado (Raich, Mora, Soler, Ávila, Clos y Zapater, 1996).

TABLA 4.10
Traducción del «Body Shape Questionnaire»

Nos gustaría saber cómo te has sentido respecto a tu figura en las cuatro últimas semanas. Respuestas posibles:

1) Nunca.   2) Raramente.   3) Alguna vez.
4) A menudo.   5) Muy a menudo.   6) Siempre.

1. ¿Te has preocupado tanto por tu figura que has pensado que tendrías que ponerte a dieta?
2. ¿Has pensado que tenías los muslos, caderas o nalgas demasiado grandes en relación con el resto del cuerpo?
3. ¿Has tenido miedo de engordar?
4. ¿Te ha preocupado que tu carne no sea lo suficientemente firme?
5. Sentirte llena (después de una gran comida), ¿te ha hecho sentir *gorda*?
6. ¿Te has sentido tan mal con tu figura que has llegado a llorar?
7. ¿Has evitado correr para que tu carne no botara?
8. Estar con chicas delgadas, ¿ha hecho que te fijes en tu figura?
9. ¿Te ha preocupado que tus muslos se ensanchen cuando te sientas?
10. El hecho de comer poca comida, ¿te ha hecho sentir *gorda*?
11. Al fijarte en la figura de otras chicas, ¿la has comparado con la tuya desfavorablemente?
12. Pensar en tu figura, ¿ha interferido en tu capacidad de concentración (cuando miras la televisión, lees o mantienes una conversación)?
13. Estar desnuda (por ej., cuando te duchas), ¿te ha hecho sentir *gorda*?
14. ¿Has evitado llevar ropa que marque tu figura?
15. ¿Te has imaginado cortando partes gruesas de tu cuerpo?

TABLA 4.10 *(continuación)*

16. Comer dulces, pasteles u otros alimentos con muchas calorías, ¿te ha hecho sentir *gorda*?
17. ¿Has evitado ir a actos sociales (por ej., una fiesta) porque te has sentido mal con tu figura?
18. ¿Te has sentido excesivamente *gorda* o *redondeada*?
19. ¿Te has sentido acomplejada por tu cuerpo?
20. Preocuparte por tu figura, ¿te ha hecho poner a dieta?
21. ¿Te has sentido más a gusto con tu figura cuando tu estómago estaba vacío (por ej., por la mañana?
22. ¿Has pensado que la figura que tienes es debida a tu falta de auto-control?
23. ¿Te ha preocupado que otra gente vea *michelines* alrededor de tu cintura o estómago?
24. ¿Has pensado que no es justo que otras chicas sean más delgadas que tú?
25. ¿Has vomitado para sentirte más delgada?
26. Cuando estás con otras personas, ¿te ha preocupado ocupar demasiado espacio (por ej., sentándote en un sofá o en el autobús?
27. ¿Te ha preocupado que tu carne tenga aspecto de piel de naranja *(celulitis)*?
28. Verte reflejada en un espejo o en un escaparate, ¿te ha hecho sentir mal por tu figura?
29. ¿Te has pellizcado zonas del cuerpo para ver cuánta grasa tenías?
30. ¿Has evitado situaciones en las que la gente pudiese ver tu cuerpo (por ej., en vestuarios comunes de piscinas o duchas)?
31. ¿Has tomado laxantes para sentirte más delgada?
32. ¿Te has fijado más en tu figura estando en compañía de otras personas?
33. La preocupación por tu figura, ¿te ha hecho pensar que deberías hacer ejercicio?

El CIMEC o Cuestionario de Influencia del Modelo Estético Corporal de Toro et al. (1994) ha demostrado poseer cualidades discriminantes entre población clínica y no clínica. Analiza la importancia del modelo corporal propuesto por la sociedad en la gestación y evolución del trastorno alimentario. Se han hallado los siguientes factores: insatisfacción por la imagen corporal, e influencia de la propaganda de los mensajes verbales, modelos y situaciones sociales.

En cuanto a la evaluación de conductas de evitación activas o pasivas debido a la imagen corporal, podemos disponer de un nuevo cuestionario, el BIAQ o «Body Image Avoidance Questionnaire», de Rosen, Salzberg y Srebrik (1990), que consta de 19 ítems en los que se pide al sujeto que conteste respecto a la frecuencia con que realiza determinadas conductas. Hay cuatro subescalas: arreglarse, actividades sociales, restricción en la ingesta y pesarse. Pueden verse algunos de estos ítems en la tabla 4.11.

TABLA 4.11
Ítems del «Body Image Avoidance Scale»

Pon un círculo alrededor del número que mejor describe la frecuencia con que realizas las siguientes conductas actualmente:

1. Siempre   2. Frecuentemente   3. A veces

4. Algunas veces   5. Raramente   6. Nunca

1. Llevo ropas muy holgadas.
    1   2   3   5   6
2. Llevo ropas que no me gustan.
    1   2   3   5   6
3. Llevo ropas de color oscuro.
    1   2   3   5   6
4. Llevo un tipo especial de ropas, ej.: «mis ropas de gorda».
    1   2   3   5   6
5. Restrinjo la cantidad de comidas que tomo.
    1   2   3   5   6
6. Sólo como frutas, verduras y otras comidas bajas en calorías.
    1   2   3   5   6
7. Ayuno durante un día o más.
    1   2   3   5   6
8. No voy a citas sociales si pienso que voy a ser examinada.
    1   2   3   5   6
9. No voy a reuniones sociales si la gente con la que voy a estar hablará sobre el peso.
    1   2   3   5   6
10. No voy a reuniones sociales donde sé que habrá personas más delgadas que yo.
    1   2   3   5   6
11. No voy a reuniones sociales si esto implica comer.
    1   2   3   5   6
12. Me peso.
    1   2   3   5   6
13. Estoy inactiva.
    1   2   3   5   6
14. Me miro al espejo.
    1   2   3   5   6

TABLA 4.11 *(continuación)*

15. Evito relaciones íntimas. 1 2 3 5 6
16. Llevo ropas que disimulan mi peso. 1 2 3 5 6
17. Evito ir a comprar ropa. 1 2 3 5 6
18. No llevo ropas reveladoras, ej.: trajes de baño, tops, shorts. 1 2 3 5 6
19. Me arreglo y me maquillo. 1 2 3 5 6

Fuente: Rosen et al. (1990).

Finalmente, en este apartado citaremos de nuevo el Cuestionario de Burlas de Thompson et al. (1990) que aparece en la tabla 3.6. Como hemos explicado anteriormente, haber sufrido burlas durante la infancia o la primera adolescencia puede explicar la insatisfacción actual por la imagen corporal.

4.3.3. OBSERVACIÓN

La observación externa de las conductas motoras puede proporcionar una buena información sobre comportamientos alimentarios y relacionados con la imagen corporal. De hecho, de una manera no sistematizada, las explicaciones que dan los familiares de los comportamientos de una persona con trastorno alimentario se basan en ella. Como hemos indicado repetidamente, es muy difícil conocer la realidad del trastorno, principalmente en anorexia nerviosa, porque la persona que la padece no suele admitirlo. Llegar a ser consciente de que padece una enfermedad, y que debe poner de su parte para cambiar, suele ser fruto de un proceso de concienciación relativamente largo. Además, en muchos casos no es la persona implicada la que pide ayuda sino sus allegados. La información que éstos presentan es inestimable. La observación puede sistematizarse diseñando una hoja de registro, con las diferentes categorías de respuestas más relevantes. En ellas puede incluirse: cantidad de alimentación ingerida, tipo de alimento,

TABLA 4.12

Ejemplo de hoja de registro de observación del comportamiento alimentario de una muchacha anoréxica

DÍA	
OBSERVADOR	
HORA DE COMIDA	9 de la noche
LUGAR	comedor
CANTIDAD Y TIPO DE ALIMENTO	4 cucharadas de verdura 1 bocado de pescado
TIEMPO EMPLEADO	35 minutos
COMPORTAMIENTO EN LA COMIDA	A y B
SOLA O ACOMPAÑADA	Acompañada con toda la familia: padre, madre y dos hermanas
RESPUESTA PADRE	Apoya a la madre en que coma más, se enfada y grita
RESPUESTA MADRE	Insiste en que coma más
RESPUESTA HERMANOS	Se callan

A: Reparte la comida por el plato.
B: Retira su plato con la mayor parte de la comida.

comportamientos de evitación de ingerir alimento y otras respecto a respuesta familiar ante estas conductas. Igualmente puede anotarse frecuencia de evitación de ir a determinados sitios, de rituales de comprobación sobre su imagen, tipo de ropa que suele ponerse, etc. En la tabla 4.12 se muestra un ejemplo de registro.

En esta tabla puede verse lo que la madre ha observado de la conducta alimentaria de su hija anoréxica durante una cena en familia. Puede verse de manera fácil la hora y el lugar donde se desarrolla, lo que come, cómo es su comportamiento durante la cena y cuáles han sido las reacciones familiares ante este comportamiento. La lectura de esta hoja de registro nos permite ver que come muy poco y que se genera un conflicto por esta situación. A partir de la observación repetida se podrán proponer medidas terapéuticas.

Un tipo de observación sistematizada muy completo es el de los «*test meal*» o «test de comidas». Se trata de observar directamente los comportamientos alimentarios ante una comida preparada para tal fin. Se han utilizado con alguna frecuencia para analizar diferencias entre personas que hacen dieta o no, pero que no están dentro de un rango clínico. Rosen, Leitemberg, Fondacaro, Gross y Willmuth (1985) realizaron su validación y estandarización en población bulímica. Compararon el comportamiento alimentario de pacientes bulímicas con el de controles normales, tanto en «test de comida» en el laboratorio como en casa. Se advirtió a las pacientes bulímicas que no podían provocarse el vómito ni durante la hora y media anterior ni antes de transcurrir dos horas y media después de la comida, y que debían comer la cantidad de alimento que consideraban que podrían mantener en su estómago sin vomitar. Se calculó la cantidad de calorías consumida. La ansiedad y la urgencia de vomitar se pidió que la expresasen en una medida subjetiva de 0 a 100, en la que el cero representaba ausencia de ansiedad y el cien la máxima ansiedad y urgencia de vomitar. Se rogó que expresaran en voz alta los pensamientos asociados a la situación y se gravaban en un casete. Los resultados mostraron que los pacientes control consumían muchísimas más calorías que los bulímicos en todas las situaciones experimentales, y que estos últimos mostraban un nivel de ansiedad y urgencia para vomitar muy alta. Por otra parte, las pacientes bulímicas que presentaban una mayor ansiedad y comían menos en los «tests de comidas» eran los que presentaban mayor cantidad de episodios de sobreingesta y vómitos autoinducidos en sus casas. Este experimento no sólo sirvió para observar lo descrito, sino que permitió conocer cuáles eran los «alimentos prohibidos» y la importancia del vómito autoinducido en el mantenimiento de los episodios de sobreingesta.

Este procedimiento, igual que el que se expone a continuación, pueden servir no sólo para la evaluación inicial, sino también para valorar los progresos en la terapia.

4.3.4. Autoobservación y autorregistro

El procedimiento de la autoobservación consiste en el control personal de diferentes comportamientos, previamente establecidos. El autorregistro es su plasmación gráfica o de cualquier otra manera que sea accesible. En Psicología sabemos que es un método extraordinariamente interesante, porque hace consciente a la persona de lo que está haciendo, sintiendo o pensando, y el propio conocimiento es el primer paso para el control de cualquier comportamiento. Por otra parte, presenta la ventaja de que puede incluirse toda modalidad de respuesta (motora, cognitiva, emotiva, etc.), que puede recogerse información en todos los lugares y que tiene propiedades reactivas, es decir, terapéuticas. En los trastornos alimentarios, tan com-

TABLA 4.13
Ejemplo de hoja de autorregistro de una muchacha bulímica

Día					
Hora	Bebida y comida consumida	Lugar	ES	V/O	Contexto
8.30	Café con leche 1 manzana	Cocina			Me siento realmente «gorda».
12.00	1 manzana	Universidad			
3.00	2 madalenas 1 chocolate 1 pastel	Bar	*		Todos me miraban comer. Me sentía descontrolada.
5.00	Pan con queso (3 rebanadas)	Cocina	*	V	Me odio.
9.00	Sopa de régimen (1 plato)	Cocina			
10.30	10 galletas con leche 3 rebanadas de pan con mantequilla 6 piezas de chocolate	Habitación	*	V	¿Por qué lo hago?

ES: ¿Consideras que es un episodio de sobreingesta? Márcalo con un *.

V/O: ¿Te provocas el vómito o haces otra conducta purgativa?

plejos, puede proporcionar una información muy válida. Se han de tener en cuenta las condiciones que favorecen su aplicación y su reactividad (Ávila, 1987).

En los trastornos alimentarios su utilización sirve para explicar la topografía de la conducta de comer: ¿dónde?, ¿con quién?, ¿a qué hora?, cantidad y tipo de comida o duración de las comidas. También para valorar el nivel de ansiedad o malestar antes y después de la ingesta, y la frecuencia de uso de conductas purgativas y durante el tratamiento para valorar los progresos obtenidos.

El ejemplo de autorregistro que aparece en la tabla 4.13 nos da un panorama bastante completo de la cantidad y el tipo de comida, así como la hora y el lugar en el que come una muchacha con trastorno bulímico. Además, nos dice qué tipo y cantidad de comida considera que es una sobreingesta (un atracón) y también si se provoca el vómito tras ello. El último apartado, «contexto», nos informa del tipo de pensamiento que acompaña a dichos episodios.

TABLA 4.14

Ejemplo de hoja de autorregistro de situaciones (A), pensamientos (B), sentimientos (C) y conductas (D)

DÍA:
A: Situación   *En casa, hablando con mi madre que me dice que el próximo domingo hay una fiesta familiar en casa de mi tía.*
B: Pensamiento   *¿Cómo puedo ir estando tan gorda? Sólo van a hacer que mirarme y ver todos los kilos que me he puesto encima.*
C: Sentimiento (tristeza, enfado... otro, puntuando de 0 a 10)   Duración: —*Tristeza (8). Duración: 40 minutos.*   —*Desesperación porque no puedo controlarme (9). Duración: 40 minutos.*
D: Conducta   —*Lloro. Decido no ir. Me inventaré una excusa.*

La autoobservación y el autorregistro se utilizarán igualmente para valorar todos los aspectos de comportamiento relacionados con la imagen corporal. La secuencia A - B - C - D, en la que A = Situaciones, B = Pensamientos, C = Sentimientos y D = Conductas, sirve tanto para observar el encadenamiento como para valorar la verdadera lógica de ésta.

En la tabla 4.14 asistimos al desarrollo de la secuencia mencionada. Ante una fiesta familiar (A), la muchacha tiene pensamientos (B) que la devalúan, naturalmente acompañados de sentimientos (C) negativos que le provocan el llanto y la decisión de no asistir (D). Si la interpretación de la fiesta (los pensamientos) hubiesen sido distintos, por ejemplo: «Qué bien, veré a mi prima y me divertiré mucho», seguro que los sentimentos y las decisiones habrían variado. Esto es lo que pretendemos con este tipo de autorregistro, que se den cuenta de que no es la situación la que provoca el malestar, sino la interpretación que hacen de ella.

Resumen

En este capítulo se ha destacado la importancia de realizar una evaluación cuidadosa. Se han descrito los aspectos relevantes a evaluar en los TCA: el peso, la conducta alimentaria, los pensamientos, sentimientos y conductas que se generan en relación con la imagen corporal, la psicopatología asociada a estos trastornos y los aspectos biomédicos más destacables. Tras ello se han expuesto diversos instrumentos de evaluación: entrevistas diagnósticas, de evaluación de la psicopatología asociada y de los trastornos de la imagen corporal. Entre los cuestionarios o autoinformes que consideramos más adecuados hemos escogido preferentemente aquellos que están adaptados a nuestra sociedad, con el expreso deseo de que sean útiles. Finalmente mostramos algunos ejemplos de técnicas de evaluación conductual de observación y autoobservación. Durante todo el capítulo se han intentado destacar los problemas que en ocasiones conlleva la evaluación inicial de estos trastornos y las reticencias u oposición con que el clínico se puede encontrar, pero tal vez no hemos insistido suficientemente en cómo es necesario tener unos criterios bien establecidos para saber cuándo una persona con anorexia nerviosa debe ingresar en un centro clínico. Estos criterios se expondrán en el siguiente capítulo, aunque está claro que si se detecta un trastorno alimentario se ha de llevar a cabo una exploración médica sistemáticamente.

CAPÍTULO 5

Guía de tratamiento

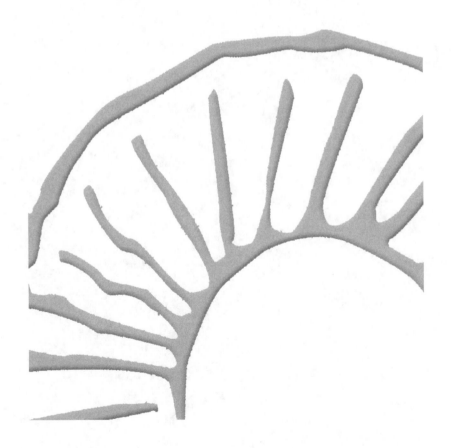

5.1. Programas de tratamiento

5.1.1. TRATAMIENTOS EFICACES

En los últimos años se han llevado a cabo múltiples investigaciones para probar la eficacia de los tratamientos. Ya en 1989 se creó en EE.UU. la Agencia de Investigación y Calidad en Asistencia a la Salud (*Agency for Health Care Policy and Research*), que tiene como objetivo determinar la eficacia de los tratamientos psicológicos para trastornos mentales y establecer un directorio de las terapias de eficacia probada, con la finalidad última de mejorar la calidad del sistema de salud.

Se trata de evaluar tratamientos eficaces para trastornos concretos en muestras clínicas claramente especificadas.

La eficacia de un tratamiento viene avalada por la presencia de tres criterios:

- Estar respaldado por la existencia de dos o más estudios rigurosos de investigadores distintos con diseños experimentales intergrupales ($N = 30$ sujetos por grupo).
- Contar con un manual de tratamiento claramente descrito (guía de tratamiento).

- Haber sido puesto a prueba en una muestra de pacientes inequívocamente identificados (ej: con arreglo a los criterios del DSM).

En los trastornos del comportamiento alimentario, la terapia cognitivo-conductual ha demostrado su eficacia para la bulimia nerviosa y para el trastorno por atracón. También el tratamiento de autoayuda guiado basado en la terapia cognitivo-conductual ha mostrado eficacia en un subgrupo de pacientes con bulimia nerviosa y trastorno por atracón. Aún hoy en día hay escasa investigación sobre los tratamientos eficaces para la anorexia nerviosa (Wilson, 2010).

Recientemente (2009), la Agencia de Calidad del Sistema Nacional de Salud, dentro de las Guías de Práctica Clínica para el Sistema Nacional de Salud (GPC), ha presentado la *Guía de Práctica Clínica sobre Trastornos de la Conducta Alimentaria*. Éste es un buen instrumento que recoge información e indicaciones útiles, y es casi exhaustiva en el análisis de las técnicas de evaluación y los tratamientos eficaces. En la tabla 5.1 aparecen las recomendaciones de la guía NICE recogidas en la Guía de Práctica Clínica de los TCA (2009).

Los objetivos que plantea la GPC para el tratamiento en los TCA son los siguientes:

1. Restaurar o normalizar el peso y el estado nutricional a un nivel saludable para el paciente en el caso de la AN.

2. Tratar las complicaciones físicas.

3. Proporcionar educación sobre patrones alimentarios y nutricionales sanos.

4. Modificar/mejorar las disfunciones previas o adquiridas a consecuencia de los TCA (pensamientos, actitudes, sentimientos o conductas inadecuadas).

5. Tratar los trastornos asociados (comorbilidades), tanto psiquiátricos (incluyendo las alteraciones del estado de ánimo, la baja autoestima, la conducta, etc.) como físicos (diabetes mellitus, etc.).

6. Conseguir el apoyo familiar de la persona afectada del TCA y proporcionarle asesoramiento y terapia cuando sea necesario.

7. Prevenir las recaídas.

8. El tratamiento en los casos de TCA crónicos.

TABLA 5.1
Recomendaciones de la guía NICE recogidas en la Guía de Práctica
Clínica de los TCA (2009)

- Se considera que el objetivo del tratamiento psicológico es la reducción del riesgo, lograr un aumento de peso a base de una alimentación saludable, reducir otros síntomas relacionados con el TCA y facilitar la recuperación física y psicológica. (Se adopta la recomendación 6.2.9.3 de la guía NICE.)
- La mayor parte de los tratamientos psicológicos en personas con AN pueden ser realizados de forma ambulatoria (con exploración física de control) por profesionales expertos en TCA. (Se adopta la recomendación 6.2.9.4 de la guía NICE.)
- La duración del tratamiento psicológico deber ser al menos de 6 meses cuando se realiza de manera ambulatoria (con exploración física de control), y de 12 meses en pacientes que han estado en hospitalización completa. (Se adopta la recomendación 6.2.9.5 de la guía NICE.)
- En personas afectadas con AN tratadas con terapia psicológica ambulatoria que no mejoren o empeoren se debe considerar la indicación de tratamientos más intensivos (terapias combinadas con la familia, hospitalización parcial o completa). (Se adopta la recomendación 6.2.9.6 de la guía NICE.)
- Para personas con AN hospitalizadas conviene establecer un programa de tratamiento dirigido a suprimir los síntomas y conseguir el peso normal. Es importante un adecuado control físico durante la renutrición. (Se adopta la recomendación 6.2.9.8 de la guía NICE.)
- Los tratamientos psicológicos deben orientarse a modificar las actitudes conductuales, las relacionadas con el peso y la figura corporal y el temor a ganar peso. (Se adopta la recomendación 6.2.9.9 de la guía NICE.)
- En personas con AN hospitalizadas no es conveniente utilizar programas de modificación de conducta excesivamente rígidos. (Se adopta la recomendación 6.2.9.10 de la guía NICE.)
- Tras el alta hospitalaria, las personas con AN deberían recibir atención ambulatoria que incluya supervisión de la recuperación del peso normal e intervención psicológica dirigida a la conducta alimentaria, las actitudes sobre peso y silueta, y el miedo a la respuesta social ante el aumento de peso, junto con controles físicos y psicológicos periódicos. La duración de este control debe ser de al menos 12 meses. (Se adoptan las recomendaciones 6.2.9.11 y 6.2.9.12 de la guía NICE.)
- En niños y adolescentes con AN que necesiten hospitalización y una recuperación urgente del peso deberían tenerse en cuenta las necesidades educativas y sociales propias de su edad. (Se adopta la recomendación 6.2.9.17 de la guía NICE.)

5.1.2. ¿DÓNDE, QUIÉN Y CÓMO TRATAR LOS TCA?

La AED (Association for Eating Disorders) propone que debe haber un equipo multidisciplinar que incluya psicólogos, psicoterapeutas, médicos, nutricionistas y enfermeros que se haga cargo de la evaluación y el tratamiento de los TCA. La APA (2000) ha publicado un conjunto de guías prácticas para el tratamiento de los TCA (American Psychiatric Association, Practice Guidelines for Eating Disorders, *American Journal of Psychiatry*, 2000).

Hay un acuerdo en que el buen tratamiento requiere un *spectrum* de opciones de tratamiento. Estas opciones van desde intervenciones educativas básicas para enseñar técnicas básicas de organización nutricional o de enfrentamiento de síntomas, hasta ingresos de larga duración en centros especializados.

Tratamientos de autoayuda: con y sin guía de terapeuta

Hay alguna evidencia de que la pura autoayuda y la autoayuda guiada pueden reducir el trastorno de la alimentación y otros síntomas en comparación a las respuestas de pacientes en lista de espera o de tratamiento de control, y puede producir resultados comparables a las terapias psicológicas formales administradas por un terapeuta en bulimia nerviosa, trastorno alimentario no especificado (TCANE) o trastorno por atracón, utilizando manuales basados en la autoayuda. Estos tratamientos pueden ser útiles como un primer paso en el tratamiento (Hay, Bacaltchuk, Stefano y Kashyap, 2009).

Tratamiento de pacientes externos

El tratamiento ambulatorio para un trastorno alimentario implica a menudo un esfuerzo de equipo coordinado entre el paciente, un psicoterapeuta, un médico y un dietista (sin embargo, muchos pacientes son tratados por el pediatra o el médico con o sin la participación de un profesional de salud mental).

Hospital de día

Los pacientes para los que el tratamiento ambulatorio es ineficaz pueden beneficiarse de un programa de tratamiento hospitalario de día. En general, estos programas se han organizado desde tres hasta ocho horas al día y ofrecen varias sesiones estructuradas y comida durante el día, junto con otras terapias, incluyendo la terapia cognitiva-conductual, terapias de la imagen corporal, terapia familiar y numerosas otras intervenciones. El Hospital de día permite que el paciente viva en su casa cuando no está en tratamiento, y a menudo puede seguir trabajando o estudiando.

Tratamiento de hospitalización

El tratamiento hospitalario ofrece un ambiente estructurado, en el cual el paciente con un trastorno de la alimentación tiene acceso a apoyo clínico las 24 horas del día. Muchos programas están afiliados a un programa de hospital de día para que los pacientes puedan «subir» y/o «descender» al nivel adecuado de atención en función de sus necesidades clínicas.

Aunque en algunas ocasiones los pacientes con trastornos alimentarios pueden ser tratados en unidades de psiquiatría general con los individuos que experimentan otros trastornos psiquiátricos, este enfoque plantea a menudo problemas con el seguimiento de los TCA. Por tanto, la mayoría de programas de hospitalización sólo tratan a los pacientes con anorexia nerviosa, bulimia nerviosa, trastorno por atracón o variantes de estos trastornos.

Cuidado residencial

Los programas residenciales ofrecen una opción de tratamiento a largo plazo para los pacientes que requieren tratamientos de larga duración. Esta opción de tratamiento generalmente está reservado para individuos que han sido hospitalizados en varias ocasiones, pero que no han podido llegar a un grado significativo de estabilidad médica o psicológica.

5.1.3. TRATAMIENTO ESCALONADO PARA LA BULIMIA NERVIOSA Y EL TRASTORNO POR ATRACÓN

Wilson, Vitousek y Loeb, ya en el año 2000, propusieron una secuencia del tratamiento de los TCA de acuerdo con la idea de desarrollar unos criterios que permitieran seleccionar la intensidad de la intervención, con el fin de evitar fracasos tras una intervención demasiado costosa (véase la figura 5.1). Como ya hemos visto, el tratamiento con mayor apoyo empírico para el tratamiento de la bulimia es el cognitivo-conductual, pero también es el más costoso, requiriendo atención ambulatoria especializada, unas 16 a 20 sesiones, y entrenamiento profesional para su administración. Por el contrario, las estrategias de autoayuda son menos costosas y más fácilmente difundibles, siendo una alternativa interesante para los que no desean solicitar

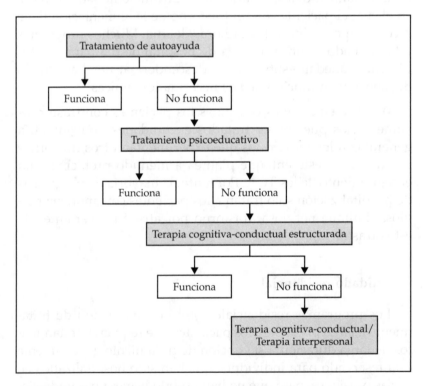

FIGURA 5.1. Bulimia nerviosa y trastorno por atracón: tratamiento escalonado (Wilson, Vitousek y Loeb, 2000).

ayuda en centros especializados y/o vivan en sitios muy alejados de donde se realiza la terapia. Falta investigación para determinar con claridad qué pacientes podrían beneficiarse de esta alternativa, aunque se ha sugerido que inicialmente podría resultar útil para pacientes sin comorbilidad psiquiátrica (Grave, 1997).

5.1.4. TRATAMIENTOS EFICACES PARA LA ANOREXIA NERVIOSA

A pesar de ser un trastorno conocido con mucha anterioridad a la bulimia nerviosa u otro tipo de alteraciones de la ingesta, hay pocos tratamientos controlados que hayan demostrado su eficacia en el tratamiento de la anorexia nerviosa. Esto se debe a múltiples razones. Por una parte, es un trastorno poco común, y muchos pacientes niegan su existencia o la disimulan. Igualmente, muchos se resisten a tratarse. Los centros en que les tratan son igualmente reticentes a aportar pacientes para estudios controlados y, en muchas ocasiones, cuando ceden a participar en el estudio, muchos pacientes abandonan el tratamiento. Por ejemplo, Halmi et al. (2005) indican que el abandono alcanzó el 46 por 100 de este tipo de pacientes.

Es natural que ante una muerte posible se trate el problema como sea, porque «primum vivere», y es difícil pensar en establecer grupos/control sin tratamiento o sin el tratamiento que se considera eficaz.

Por todo ello es comprensible que haya tan pocos estudios controlados (NICE, 2004).

1. El primer y más importante paso en el tratamiento de la AN es ayudar a las personas a darse cuenta de que tienen un serio problema y motivarles para entrar en tratamiento.

2. El segundo paso es el de restablecer el peso saludable, ya que la emaciación y el peso bajo pueden provocar la muerte.

La hospitalización se requerirá cuando existan intentos de suicidio, condiciones médicas que lo requieran, insuficiencia o empeoramiento observado en el tratamiento ambulatorio, familias inexistentes o incapaces de ofrecer apoyo, y cuando exista deterioro del estado mental.

Existe consenso en que el restablecimiento de la alimentación y el peso son tareas primarias en la AN, así como que se ha de hacer antes de iniciar ninguna psicoterapia. Un hallazgo consistente es el de que una mayor ganancia de peso y un mayor peso al dejar la hospitalización predicen mejoras en el seguimiento (Castro, Gila, Puig, Rodríguez y Toro, 2004).

Son considerados objetivos bien establecidos del tratamiento de las pacientes con AN los siguientes (Saldaña, 2001):

1. Restaurar el peso a un nivel saludable para el paciente. En mujeres, hasta que la menstruación y la ovulación sean normales; en hombres, hasta que los niveles hormonales y los deseos sexuales sean normales; y en niños/as y adolescentes, hasta que se restaure el crecimiento y desarrollo sexual a un nivel normal para la edad.

2. Tratar las complicaciones físicas.

3. Incrementar la motivación del paciente para que coopere en la restauración de patrones alimentarios sanos y participe en el tratamiento.

4. Proporcionar educación relacionada con patrones alimentarios y nutricionales sanos.

5. Modificar el conjunto de pensamientos, actitudes y sentimientos inadecuados relacionados con el trastorno alimentario.

6. Tratar los trastornos psiquiátricos asociados, incluyendo las alteraciones del estado de ánimo, la baja autoestima y la conducta.

7. Conseguir el apoyo familiar y proporcionar a la familia asesoramiento y terapia cuando sea necesario.

8. Prevenir la recaída.

Fairburn y Harrison (2003) destacan que la primera y más importante tarea del terapeuta es ayudar al paciente de AN a que se dé cuenta de que tiene un serio problema y motivarle para que se comprometa con el tratamiento. Y ya que la emaciación y la pérdida de peso pueden ser mortales, los esfuerzos iniciales han de focalizarse en la restauración del peso normal.

En contraste con los otros TCA, que suelen tratarse de modo ambulatorio, el tratamiento de la AN requiere frecuentemente enfoques más intensivos, como asistencia a hospitales de día u hospitalización.

TABLA 5.2
Criterios de hospitalización para anorexia y bulimia

En la **anorexia nerviosa** existen criterios de hospitalización de tipo biomédico, psicosociales o familiares y psicoterapéuticos.	En **bulimia nerviosa** la hospitalización es mucho menos frecuente, ya que no existe esta importante pérdida de peso, que es tan peligrosa en la anorexia.
CRITERIOS MÉDICO-BIOLÓGICOS	
• Deterioro orgánico, en fase de riesgo, debido a la desnutrición. • Pérdida de peso de un 25 o 30 por 100. • Irregularidades electrolíticas, alteraciones en los signos vitales o infecciones en pacientes gravemente desnutridas.	• Cuando la paciente está tan deprimida que no podrá controlarse fuera del medio hospitalario o existe riesgo de suicidio. • Si la salud física es preocupante y existe una severa alteración electrolítica. • Si la paciente se halla en el primer trimestre de embarazo y la alimentación está muy alterada, porque puede existir riesgo de aborto.
CRITERIOS PSICOSOCIALES O FAMILIARES	
• Cuando hay un aislamiento exagerado, es decir, no mantiene ningún contacto interpersonal. • Cuando no puede trabajar o estudiar. • Cuando la situación familiar o social es muy conflictiva.	

TABLA 5.2 *(continuación)*

CRITERIOS PSICOTERAPÉUTICOS	
• Fracaso en tratamientos previos. • Falta de motivación. • Negativa a hacer tratamiento ambulatorio. • Imposibilidad de control. • Imposibilidad de aplicar normas en casa. • Gran depresión, con ideas de suicidio. • Caos subjetivo: la persona no puede ni vislumbrar un cambio en su vida (Vandereycken et al., 1991).	• En el caso que no se hayan obtenido buenos resultados en el tratamiento ambulatorio.
CRITERIOS PARA QUE SE CONSIDERE EFECTIVO EL TRATAMIENTO AMBULATORIO	
• Pacientes que hace menos de cuatro meses que sufren anorexia. • Pacientes que no presentan episodios de sobreingesta ni vómitos. • Pacientes que tienen una familia dispuesta a cooperar y participar.	

5.1.4.1. REHABILITACIÓN NUTRICIONAL

La rehabilitación nutricional es el tipo de tratamiento para la AN que está mejor establecido. Sus objetivos son:

1. Restablecer el peso.

2. Normalizar los patrones alimentarios.

3. Adquirir señales adecuadas de saciedad y hambre.

4. Corregir las secuelas biológicas y psicológicas de la malnutrición.

El programa debe permitir recuperar el peso de 800 gr a 1.200 gr/semana en régimen hospitalario, y entre 200 gr y 400 gr/semana en régimen ambulatorio, hasta llegar a un peso saludable.

Durante la fase de ganancia de peso, el contenido calórico inicial de las ingestas debe oscilar entre 30-40 Kcal/kg al día, para irlo incrementando progresivamente hasta llegar a 70-100 Kcal/kg al día.

La actividad física debe ser adaptada para cada paciente en función de la ingesta y del gasto energético, teniendo presente la densidad mineral ósea y la función cardíaca. Para pacientes con muy bajo peso, la actividad física debe ser restringida y, de ser permitida, solamente podrá ser practicada bajo supervisión y estricto control.

Además, los programas de rehabilitación nutricional deben contemplar el tratamiento de las preocupaciones relacionadas con la ganancia de peso y los cambios en la imagen corporal. Asimismo, es imprescindible educar a los pacientes sobre los riesgos de sus patrones alimentarios y proporcionarles apoyo tanto a ellos como a sus familiares.

Existe evidencia empírica suficiente que demuestra que a medida que los pacientes recuperan peso, mediante la rehabilitación nutricional, mejoran en otros síntomas del trastorno alimentario, produciéndose un incremento en la elección de alimentos, dejando de acumularlos y disminuyendo la frecuencia e intensidad de su obsesión por ellos. Al mismo tiempo, la ganancia de peso produce cambios significativos, aunque no definitivos, en los síntomas asociados a ansiedad y estado de ánimo (Hsu, 1990).

Finalmente, el criterio para la duración de la hospitalización, (si el tratamiento se realiza así) está establecido en el momento en el que se alcance un peso que sea seguro para el paciente.

En los años setenta se presentaron técnicas operantes para que los pacientes aumentasen el consumo de comida y que mejorasen su peso. Los estudios controlados no han observado que este tratamiento sea mejor que el uso de actuaciones más indulgentes.

5.1.4.2. TRATAMIENTOS PSICOLÓGICOS EN ANOREXIA NERVIOSA

Aunque no han demostrado suficientemente su eficacia, deben ser citados.

La terapia familiar sistémica. El método Maudsley

El enfoque Maudsley, a menudo referido como el «método Maudsley», debe su nombre al hospital donde se desarrolló por primera vez en la década de 1980, el Hospital Maudsley de Londres. Este método se utiliza principalmente para la recuperación del peso, y ha probado ser eficaz en niños y/o adolescentes que han sufrido anorexia durante un período de menos de tres años, mostrando altas tasas de recuperación a largo plazo y bajas tasas de recaída. El eje principal de este enfoque es el papel insustituible que los padres llevan a cabo en la recuperación de su hija o hijo, así como el proceso de realimentación asesorado por un terapeuta familiar especializado.

Así, el enfoque Maudsley suele ser entendido como un tratamiento ambulatorio intensivo, donde los padres juegan un papel activo y positivo con el fin de:

- Ayudar a restaurar el peso de sus hijos dentro de los niveles normales esperados según la edad y altura del adolescente.

- Gestionar el control de la alimentación de nuevo al adolescente.

El enfoque Maudsley se opone a la idea de que las familias son patológicas o que deban ser culpabilizadas por el desarrollo de una enfermedad como la AN. Por el contrario, el enfoque Maudsley considera a los padres como un recurso, siendo esenciales para el éxito del tratamiento de la AN.

Por desgracia, este enfoque se reconoce como menos eficaz en las personas que padecen síntomas de trastorno por atracón, o pacientes de edad avanzada (mayores de 18 años) y en situaciones familiares complejas, donde ya existe un alto nivel de conflicto. Por ello se están desarrollando estrategias específicas para estos grupos, más cercanas al enfoque de la terapia multifamiliar.

Se han identificado tres fases del tratamiento claramente definidas, las cuales generalmente se llevan a cabo dentro de 15 a 20 sesiones de tratamiento durante un período de aproximadamente 12 meses. La primera se centra en el fomento de la normalización de comer, y su objetivo es hacerse con el control de los patrones desordenados de alimentación. La principal herramienta utilizada en esta fase consiste en «las comidas familiares entrenadoras», a través de las cuales se establecen normas y límites que contribuyen a la recuperación del peso, y en las que los padres proporcionan «apoyo compasivo». En la segunda fase, tras la restauración exitosa de la salud física del paciente, el terapeuta familiar ayuda a la familia a ir cediendo poco a poco el control y la responsabilidad del comer a su hija o hijo. La tercera fase se centra en ayudar al niño o a ambos alcanzar y mantener su propia identidad saludable.

En resumen, el enfoque Maudsley representa una gran promesa para la mayoría de los adolescentes que han estado enfermos durante un período relativamente corto de tiempo (es decir, menos de 3 años). Este tratamiento basado en la familia puede ayudar a prevenir la hospitalización y asistir al adolescente en su recuperación, y promueve que los padres sean vistos como un recurso, ya que se les permite desempeñar un papel activo en el tratamiento.

Otras terapias

También se han descrito como eficaces algunas formas de terapia interpersonal, terapia psicodinámica y la terapia conductual (adaptada de la recomendación 6.2.9.1 de la guía NICE).

5.1.5. TRATAMIENTOS EFICACES PARA LA BULIMIA NERVIOSA

5.1.5.1 TERAPIA COGNITIVO-CONDUCTUAL

Como se ha señalado anteriormente, y en contraste con la poca investigación existente en AN, los últimos 20 años han contemplado un rápido desarrollo de los tratamientos psicológicos y farmacológicos para la bulimia nerviosa. La terapia cognitivo-conductual es el tratamiento de elección para la BN según las propuestas de la NICE (2004). Más de 60 ensayos randomizados se han llevado a cabo. Esta investigación ha encontrado diferencias considerables en la eficacia de los tratamientos específicos, permitiendo llegar a conclusiones decisivas. Cerca del 50 por 100 de los pacientes que reciben terapia con manuales basados en la TCC consigue una recuperación total, que se mantiene a lo largo del tiempo (Grilo, 2006).

El tratamiento cognitivo-conductual es semiestructurado, orientado al problema, y más dirigido al presente y al futuro que al pasado. Tiene más en cuenta los factores y procesos que mantienen el trastorno alimentario que los que tuvieron una influencia previa. Además, es bastante didáctico, pues pretende aumentar y clarificar el grado de conocimiento que las personas que sufren dichos trastornos tienen respecto a la comida, el acto de comer, las repercusiones de la ingesta en el peso corporal y la noción de belleza.

Por ejemplo, sabemos que las pacientes tienen un elevado conocimiento del contenido de calorías de distintos alimentos, pero también nos consta que desconocen absolutamente su valor nutritivo y las necesidades del cuerpo humano en cuanto al aporte de energía que se precisa para vivir, es decir, para que el organismo funcione. El terapeuta deberá tener conocimientos sobre nutrición y sobre los trastornos físicos que pueden presentar sus pacientes. Además, necesita educarles acerca de la regulación del peso, la dieta y los trastornos de la imagen corporal, así como corregir los errores sobre la comida, el comer, la silueta y el peso.

Esta terapia promueve el autocontrol. Es un proceso activo en el que la responsabilidad del cambio recae en el paciente. El terapeuta debe saber motivar, apoyar y comprender a las pacientes, puesto que muchas veces les pide que realicen cosas que no sólo son difíciles, sino contrarias a sus deseos y creencias.

Los principales objetivos del tratamiento son: restablecer unos hábitos de ingesta adecuados y reducir la insatisfacción con la imagen corporal.

Para conseguir el primero de ellos, se ha de restablecer el peso, cuando es demasiado bajo, normalizar los horarios y cantidades de ingesta para llegar a un nivel energético adecuado, y disminuir hasta hacer desaparecer los episodios de sobreingesta (si existen) y las conductas purgativas (si se presentan). Para conseguir el segundo objetivo se ha de disminuir la ansiedad que el peso y la silueta generan en la paciente, rebatir los pensamientos erróneos que mantiene sobre su imagen corporal, hacerle enfrentarse a las situaciones que le producen malestar y aprender a apreciar las ventajas que le ofrece su cuerpo.

5.1.5.2. TERAPIA INTERPERSONAL

La terapia interpersonal ayuda a las personas a entender la asociación entre sus emociones y sus relaciones personales, y a reconocer que las diferentes maneras que uno tiene de interactuar pueden mejorar sus relaciones y su estado de ánimo.

La terapia interpersonal está diseñada para ayudar a los pacientes a superar su trastorno de la alimentación indirectamente, mediante la resolución de los problemas actuales en su vida interpersonal.

El tratamiento se deriva de TIP para la depresión (Klerman et al., 1984; Weissman et al., 2000) y se asemeja a éste estrechamente.

Tiene tres fases. La primera generalmente ocupa 3-4 sesiones. El objetivo es describir la razón de ser y la naturaleza del tratamiento, y para identificar conjuntamente uno o más problemas interpersonales actuales que, posteriormente, se convertirán en el centro de tratamiento.

En la segunda fase, estos problemas se examinan en detalle con la ayuda del terapeuta para identificar posibles medios de hacerles frente.

En la fase final, el foco se desplaza al futuro, con los objetivos de garantizar que cualquier cambio interpersonal que se ha realizado en el tratamiento se mantiene y reducir al mínimo el riesgo de recaída a largo plazo.

La reducción de los problemas en la alimentación está en gran medida mediada por una disminución en la gravedad del problema interpersonal y un aumento de la autoeficacia interpersonal; es decir, un aumento en la fuerza de la creencia del paciente de que él o ella es capaz de solucionar el problema, y un aumento de su autoestima.

5.1.6. TRATAMIENTOS EFICACES PARA EL TRASTORNO POR ATRACÓN

Aunque debe llevarse a cabo una mayor investigación, los tratamientos eficaces para la bulimia nerviosa han demostrado igualmente su eficacia para los trastornos por atracón. Así pues, la terapia cognitivo-conductual y la terapia interpersonal pueden considerarse adecuadas.

5.1.7. TRATAMIENTOS EFICACES PARA LOS TRASTORNOS NO ESPECIFICADOS (TCANE)

Aunque casi no existe investigación acerca de los tratamientos eficaces en los TCANE, lo que sí se conoce es que los dos primeros, que son síndromes incompletos de anorexia nerviosa, y los dos siguientes, que lo son de bulimia nerviosa, pueden ser tratados con las mismas intervenciones que han mostrado su eficacia en los síndromes completos. La recomendación de NICE (2004) es que: «en ausencia de evidencia sobre la terapia más eficaz para los TCANE, exceptuando el trastorno por atracón, se recomienda al clínico que siga la guía del tratamiento que más se asemeje al trastorno que presenta el paciente» (p. 71).

5.2. Plan terapéutico

5.2.1. TRATAMIENTO PARA LOS TRASTORNOS DEL COMPORTAMIENTO ALIMENTARIO BASADO EN LA TEORÍA TRANSDIAGNÓSTICA DE FAIRBURN

Fairburn (2008) se basa en la teoría cognitiva-conductual de los TCA. En lugar de fijarse en aquellos aspectos que fueron responsables del inicio del trastorno, tiene en cuenta aquellos procesos que lo mantienen. Fue planteada inicialmente para la bulimia nerviosa. Según esa teoría, lo que mantiene el trastorno bulímico es la patología nuclear: el esquema disfuncional de la autovaloración. A partir de este concepto pueden explicarse todas las alteraciones alimentarias: restricción dietética, conductas de control del peso, las variadas formas de verificación y evitación, y la preocupación por la figura, el peso y la comida.

Únicamente los atracones no vendrían explicados por la autovaloración, sino que serían consecuencia de una gran restricción dietética, unida a una tendencia a reaccionar de una manera extrema y negativa. Estos atracones, e incluso menores faltas de adherencia a la dieta, son vistos como una evidencia de la falta de control. Este «pecado» agudiza la autoevaluación negativa, que es el aspecto central de la patología. Si además los atracones se compensan con conductas purgativas, éstas mantienen eficazmente los atracones y la misma autovaloración negativa. Véase el proceso explicado en la figura 3.3 (p. 91).

Esta teoría deja claro que si lo que se quiere en la terapia es reducir los atracones y las conductas purgativas, es necesario cambiar los comportamientos de dieta extrema, la sobrevaloración del peso y la figura y la tendencia a cambiar su alimentación en respuesta a sus sentimientos negativos ante acontecimientos adversos.

Esta teoría puede extenderse a todos los TCA, como puede observarse en la figura 3.7 (p. 97).

La patología nuclear de la sobrevaloración de la figura y el peso y de su control es la que desencadena la dieta estricta, es decir, la conducta no compensatoria de control del peso, la cual puede derivar en un peso muy bajo o en atracones, seguidos o no de conductas compensatorias asociadas a acontecimientos negativos que hacen cambiar el estado de ánimo. Todo ello (el bajo peso y los atracones/conductas compensatorias) afecta al mantenimiento de la dieta estricta y de la sobrevaloración del peso y la figura.

Así pues, partiendo de esta base, se plantea una sola terapia para la psicopatología alimentaria más que para un diagnóstico. La estrategia que está en la base del tratamiento transdiagnóstico es la de construir una formulación o conjunto de hipótesis de los procesos que están manteniendo la psicopatología del paciente y usarlo para identificar las características a las que se ha de dirigir el tratamiento.

Es un tratamiento hecho a medida de la persona que sufre el trastorno, pero hay algunos aspectos estandarizados del tratamiento.

El autor propone diferentes versiones de la terapia teniendo en cuenta el tratamiento de psicopatología específica, como perfeccionismo clínico, baja autoestima, dificultades interpersonales y el peso bajo, que merece una explicación aparte (tabla 5.3).

También propone dos intensidades: la estándar de 20 sesiones y la extensa de 40, y versiones específicas para menores de edad (la TCCT sólo se puede administrar a partir de 15 años), así como intensivas o de grupo.

TABLA 5.3
Diferentes formas de la terapia cognitivo-conductual transdiagnóstica

Dos versiones:
- Versión focalizada.
- Versión amplia (con módulos para cambiar el perfeccionismo clínico, la baja autoestima y las dificultades interpersonales).

Dos intensidades:
- Versión de 20 sesiones (para pacientes con un IMC sobre 17,5).
- Versión de 40 sesiones (para pacientes con un IMC entre 15 y 17,5).

Versión para pacientes jóvenes (entre 15 y 18 años).
Versión intensiva.
Versión de grupo.

Es una terapia cognitivo-conductual, por lo que se centra en el mantenimiento de los problemas y el aquí y el ahora. El terapeuta ha de tener una sólida formación en este campo y saber que es básico y nuclear motivar al paciente, puesto que va a pedirle que realice unas actuaciones laboriosas o difíciles, que debe llevar a cabo para poder superar su problema. Se regirá por dos principios:

1. Los procedimientos simples son mejores que los complejos.
2. Es mejor hacer pocas cosas y bien hechas, que muchas y mal (principio de parsimonia).

Como indica su propio nombre, va a llevarse a cabo una tarea en el ámbito cognitivo, pero no es una restructuración cognitiva «strictu sensu», sino que se usan estrategias cognitivas sin pretender profundizar en los esquemas básicos del pensamiento.

Fairburn (2008) advierte que:

- El TCC es un tratamiento completo en sí mismo, no pudiendo desmantelarse para su uso fragmentado.
- No se puede usar en conjunción con otros tratamientos.
- Ha de ser impartido por un terapeuta, es decir, el terapeuta será el responsable principal de éste. A pesar de que han de intervenir diferentes profesionales (psicólogo, dietista, médico), durante su implementación es mejor no repartir a menudo las visitas a los diferentes profesionales (aunque debe existir la figura del médico y del dietista para poder pedirle ayuda cuando sea necesario).
- No se puede cambiar de modalidad terapéutica aunque el proceso sea lento.
- Los terapeutas experimentados pueden sentirse tentados a desviarse del protocolo de tratamiento. Esto perjudicaría a sus pacientes.

5.2.1.1. CONTRAINDICACIONES A COMENZAR EL TRATAMIENTO

Cuando la misma emaciación mantiene una rigidez mental por la que el paciente es incapaz de admitir su problema, cosa que sucede en muchos casos de anorexia nerviosa, el restablecimiento del peso es de vital importancia. Así como existe una gran variedad de enfoques y de opiniones a la hora de tratar el problema (se han contabilizado más de treinta), hay un acuerdo unánime de que sólo se puede llevar a cabo el tratamiento de la anorexia nerviosa cuando se consigue reducir el desequilibrio biológico que caracteriza la mayoría de los casos. Se han de solucionar los problemas somáticos y hacer así posible la intervención psicoterapéutica y socioterapéutica. En este trastorno se ha de decidir, en primer lugar, si es necesaria la hospitalización (véase la tabla 5.2).

La hospitalización, que es más frecuente en anorexia que en bulimia, produce un serio impacto en la persona y evidentemente es una situación compleja, totalmente distinta a la que vive normalmente. Implica cambios experienciales muy fuertes, ya que abandona todas las posibles gratificaciones materiales y sociales que estaban asociadas a la vida cotidiana, pero al mismo tiempo le proporciona el alejamiento de la ansiedad y el conflicto que le proporcionaba. Como los ingresos hospitalarios se producen en momentos de crisis, en los que sus pensamientos, sentimientos y relaciones personales están muy desorganizados, el mismo hecho del ingreso conlleva alivio al ver que no debe tomar decisiones, que otros toman la responsabilidad. En este nuevo medio, en el que dispone de muchas horas, puede analizar situaciones reales con un distanciamiento físico y emocional que no se daba con anterioridad y queda al margen del bombardeo publicitario en *pro* de la delgadez. Todo ello supone un cambio importantísimo que, sin duda, tiene una relación profunda con la recuperación de las anoréxicas hospitalizadas. El período de ingreso está organizado de manera que al principio todos los esfuerzos están encaminados a restablecer el equilibrio biológico, pero rápidamente se sientan las bases del tratamiento cognitivo y conductual.

5.2.1.2. ESTADIO 1 DEL TRATAMIENTO COGNITIVO-CONDUCTUAL TRANSDIAGNÓSTICO (TCCT): COMPROMISO

En la **sesión inicial** o **sesión 0** se trata de explicar al paciente detalladamente en qué consiste la terapia, a fin de comprometerle con el tratamiento y con la perspectiva de cambio. Para ello se llevará a cabo:

— Una evaluación de la naturaleza y severidad de la psicopatología presente.

Temas básicos a explorar en la entrevista previa a la TCCT:

1. ¿Qué le gustaría cambiar?
2. Problemas con la comida:

   a) Hábitos alimentarios.

   b) Métodos de control del peso o la figura.

   c) Puntos de vista sobre el peso y la figura.

3. Malestar resultante del trastorno alimentario:

   • Psicológico.

   • Físico.

4. Desarrollo y evolución del trastorno alimentario.
5. Problemas médicos y psicológicos que coexisten.
6. Breve historia personal.
7. Historia médica y psiquiátrica familiar.
8. Historia médica y psiquiátrica personal.
9. Circunstancias y planes actuales.
10. Actitud hacia el tratamiento.

TABLA 5.4
Temas más importantes a tener en cuenta cuando se educa
en los trastornos alimentarios (Fairburn, 2008)

DIAGNÓSTICO DEL TCA Y SU TRATAMIENTO
Características clínicas de los TCA:
1. Preocupación extrema acerca de la figura y el peso.
2. Formas de dieta características.
3. Atracones.
4. Vómito autoinducido.
5. Abuso de laxantes y diuréticos.
6. Ejercicio físico excesivo.
7. Peso excesivamente bajo.

— De acuerdo con la teoría transdiagnóstica, se debe crear conjuntamente *una formulación del proceso que mantiene dicha psicopatología* (véase la figura 3.7 para adaptarla a las necesidades presentadas por el paciente), realizando una justificación razonada del mantenimiento de los trastornos. En esta fase del tratamiento todos los esfuerzos van a ir dirigidos a motivar al paciente para realizar el cambio en su comportamiento alimentario alterado, y para conseguirlo se utilizan todas las técnicas persuasivas. Para motivar al paciente de trastorno alimentario debe explicársele claramente que el túnel en el que se encuentra metido tiene una explicación lógica, y que por tanto existe un camino de salida. La exposición detallada del modelo transdiagnóstico, adaptado al problema del paciente que lo presenta, puede servir para justificar el proceso que ha recorrido hasta el momento actual. Es igualmente interesante insistir en la presentación de esquemas que explican la relación que hay entre baja autoestima, gran preocupación por el peso y la figura, dieta, episodios de sobreingesta, conductas purgativas y sentimientos depresivos. Muchos pacientes pueden aceptar que se encuentran en un círculo vicioso en el que el provocarse el vómito mantiene los atracones o por lo menos reduce la exigencia de la dieta, ya que creen que es efectivo para reducir los efectos engordantes de la comida. Un poco más difícil es explicar que la dieta mantiene los atracones, pero como muchos pacientes tienen la experiencia de que se atiborran cuando creen que ya han roto la dieta estricta (por ejemplo: «Como hoy he comido una magdalena, ya he fallado en mi dieta y, por tanto, puedo comer más»), ello se puede tomar como ejemplo que ilustre la relación entre dieta y sobreingesta. El paso siguiente consiste en relacionar la dieta y la preocupación por el peso y la figura, que es evidente. El terapeuta lo que debe hacer es asociar la baja autoestima con la preocupación por el peso. A través del diálogo trata de que sea consciente de lo poco que valora otras cualidades personales, que ciertamente posee, y reduce toda la posibilidad de ser aceptada/o a la obtención de un peso bajo. Los atracones disminuyen el autoconcepto o autovaloración e intensifican la preocupación por el peso y la figura. A continuación se investigan aquellos pensamientos y creencias que subyacen tanto a la conducta alimentaria como a la preocupación por el peso y la figura. Se informa de que la terapia irá de abajo a arriba: primero se intentará reducir los atracones, si es el caso, después la dieta y, finalmente, la preocupación por el peso y la figura.

— Explicar el tratamiento y lo que conlleva seguirlo (véase tabla 5.5).

TABLA 5.5

Tratamiento para los trastornos del comportamiento alimentario basado en la teoría transdiagnóstica de Fairburn (2008)

Estadios	Objetivos
Estadio 1	• Comprometer al paciente • Identificar los aspectos clínicos que están manteniendo los TCA y dirigirse a desmontarlos. • Es especialmente importante que las primeras sesiones vayan bien, pues son predictivas del resultado del tratamiento. • Incluye de la sesión 0 a la 7.
Estadio 2	• Llevar a cabo una revisión conjunta de los progresos. • Identificar las barreras al cambio emergentes. • Revisar la formulación. • Decidir si usar una forma más larga de la TCCT. • Sesiones 8 y 9.
Estadio 3	• Sobrevaloración del peso y la figura. • Sobrevaloración del control sobre el peso. • Contención dietética: control exagerado de lo que come. • Restricción dietética: comer poco. • Bajo peso. • Cambios en la ingesta debidos a acontecimientos o a estado de ánimo. • Sesiones 10 a 17.
Estadio 4	• Terminar bien. • Prevención de recaídas. • Sesiones 18, 19 y 20.
Sesión de revisión a las 20 semanas del postratamiento.	

— Establecer el autorregistro en tiempo real. Enseñar un ejemplo de autorregistro alimentario, explicando que es la mejor y absolutamente necesaria manera de controlar su comportamiento alimentario. Se anima a los pacientes a realizar un autorregistro en el que expongan día a día lo que comen, dónde, si lo hacen solos o acompañados, si lo consideran un atracón, o si se provocan el vómito o llevan a cabo alguna conducta purgativa (véase el modelo que se ha presentado en la tabla 4.13). Las hojas de registro se van revisando en cada sesión y cumplen con el objetivo de hacer mucho más consciente al paciente de su problema y concretar las situaciones especialmente peligrosas.

— Confirmar los ejercicios para casa: explicar que es una terapia que le implica directamente, que debe llevar a cabo una serie de ejercicios en su medio natural, y que éstos se revisarán de manera sistemática en las sesiones de la terapia.

— Resumen de la sesión y datar la próxima.

SESIÓN 1

— La prioridad absoluta en esta sesión es lograr el compromiso. El terapeuta debe esforzarse al máximo para generar entusiasmo, esperanza y dinamismo, así como abordar las preocupaciones, las dudas y el pesimismo.

Hay otros aspectos que se han de tener en cuenta:

— Iniciar la sesión pesando al paciente y establecer el peso semanal. Hay muchos pacientes que se pesan varias veces al día, mientras otros no lo hacen jamás, puesto que tienen pavor a observar su resultado. La medida de establecer una pesada semanal permite abandonar ambos extremos. En casos de gran dificultad para aceptar ser pesado, puede hacerlo dando la espalda a la báscula. Muchas veces es el propio terapeuta el que lleva a cabo el control del peso. Se quiere educar acerca de la verificación del peso (pesarse). Se le explica, en esta primera ocasión, que se va a pesar semanalmente, y que se llevará a cabo un registro del peso en una gráfica. Así podrá observar cuál es la evolución a lo largo de la terapia.

— Revisar los autorregistros y comentar cómo se hace una representación gráfica de ellos. Se plasman en un gráfico las horas en que se come y qué se come, y al cabo de una semana ya puede observarse qué momentos del día son los más peligrosos para el descontrol.

— Revisar la formulación del proceso. Resulta muy interesante entrenar a las pacientes en el cálculo del peso a través del índice de masa corporal (explicado en el capítulo 4), y situarlo en las tablas adecuadas (véase tabla 4.4). Se proponen discusiones acerca del peso deseado y se manifiesta que a menudo el peso deseado se parece más a los anuncios sobre rebajas, en los que lo que priva es el «más bajo todavía». Se explica incluso que existen diferencias entre países: lo que las inglesas consideran como peso ideal es más bajo que lo que desean las norteamericanas, por ejemplo. De todas formas, en este momento no se profundiza más que en el entrenamiento en el cálculo del peso y su situación en las tablas. Además, el peso semanal llevado a cabo en la consulta sirve para poder realizar un gráfico del peso corporal y controlar su cambio a través del proceso terapéutico.

— Establecer la agenda, y trabajar a través de ésta:

• Actitud hacia el tratamiento. ¿Qué piensa acerca de haber comenzado el tratamiento?, o ¿tiene alguna preocupación acerca del tratamiento que desee discutir?

• Educación acerca de la verificación del peso (pesarse) y del propio peso.

• Otros temas.

Confirmar el trabajo de casa, resumir la sesión y datar el próximo encuentro.

SESIONES 2 A 7

A partir de este momento el paciente puede mostrarse razonablemente comprometido con el tratamiento y la perspectiva de cambio, entender y aceptar la formulación provisional, sentirse experto en el autorregistro en tiempo real, aceptar el peso semanal, y todo lo que esto comporta.

Las seis sesiones siguientes tienen una estructura estándar:

1. Peso al comienzo de la sesión. Actualización e interpretación del gráfico del peso.
2. Revisión del autorregistro y de cualquier trabajo de casa que se haya asignado.
3. Establecimiento de la agenda de la sesión.
4. Trabajar en la agenda y aceptar los trabajos para casa.
5. Resumen de la sesión, confirmación de los trabajos para casa y datar la sesión siguiente.

Las ocho sesiones comentadas forman parte del **Estadio 1,** en el cual se pretende:

- Educar al paciente acerca de los problemas con la alimentación.
- Establecer un patrón de alimentación regular (estilo alimentario, conductas purgativas, plenitud, bajo peso y ejercicio excesivo pueden ser abordados).
- Implicar a otras personas significativas en el proceso.

Punto A: educar al paciente acerca de los problemas con la alimentación, especialmente a base de lecturas recomendadas como *La superación de los atracones de comida* de Fairburn (1998).

Punto B: establecer un patrón de alimentación regular.

Hay dos componentes a tener en cuenta:

- Comer cada día 5 o 6 comidas.
- No comer en otros momentos del día.

Condiciones para establecer el patrón de alimentación regular:

- Los pacientes deben escoger lo que comen.
- Los pacientes deben definir qué es una comida.

- Tienen que establecer el intervalo temporal (no más de 4 horas entre comidas).
- El horario establecido de comidas debe ser preferente a otras actividades.
- Han de planear las comidas con anterioridad.
- Se han de fiar más del horario establecido que de su sensación de hambre o de su necesidad de llenarse.
- Su sensación de hambre o necesidad de llenarse no ha de gobernar lo que comen.
- Algunas formas de «comida social» han de ser planificadas cuidadosamente.
- Deben aprender diferentes estrategias para ayudar a que no coman entre horas de comidas programadas.
- Deben saber cuáles son las actividades incompatibles con la comida.
- Centrarse en la urgencia de comer, y reconocer que es un fenómeno temporal al que no se debe sucumbir.

Algunos pacientes que tienen unos hábitos caóticos y son muy restrictivos pueden necesitar introducir el nuevo patrón alimentario en etapas porque:

1. En respuesta a sus fallos en el control dietético, abandonan sus esfuerzos durante el resto del día.
2. Pueden decir que jamás han comido de esta manera.
3. Pueden ser refractarios a comer tantas veces porque piensan que van a engordar.
4. Algunos pacientes pueden sentirse realmente muy llenos tras una ingesta pequeña de comida y pueden desear vomitar.
5. Algunos objetan ante la idea de planificar.
6. Otros objetan ante el uso de actividades distractivas.

Abordar el estilo de comida del paciente. Es decir, la manera «cómo comen». Hay que explicarles en qué consiste comer regularmente: desayuno, colación a media mañana, comida, merienda, cena y *snack* después de la cena.

Es preciso tener en cuenta:

• No comer en medio de las comidas establecidas.

• No «saltarse» ninguna comida.

• No pasar más de 4 horas sin comer.

• Comer lo que le apetezca en cada uno de estos tiempos de comida, mientras no vomite ni tome laxantes.

• Saber siempre, de antemano, y aproximadamente, cuál va a ser el menú de la próxima comida.

• Cada comida debe tener un inicio y un final.

• No hacer otras actividades mientras se come.

• «Picar» entre horas se ha de evitar.

• Aprender a comer despacio.

Prescripción de un patrón de conducta regular

Se establece un patrón de conducta regular de cuatro o cinco comidas al día (desayuno, ligero tentempié a media mañana, comida, merienda y cena), y para ayudar a conseguirlo se recomienda el uso de diferentes técnicas. Sabemos que la técnica de control de estímulos es útil para regular la ingesta, y por ello se les recomienda que *a*) coman siempre sentados; *b*) en el mismo sitio; *c*) a las mismas horas; *d*) no hagan otras cosas mientras comen; *e*) si presentan atracones deben mantener los alimentos peligrosos fuera de su alcance, comprar sólo después de haber comido y almacenar preferentemente tipos de alimentos que han de ser cocinados, más que los de más fácil consumo.

Sabemos que tras la comida muchos de los pacientes se quejan de tener el estómago hinchado y experimentan una gran urgencia de provocarse el vómito o hacer grandes cantidades de ejercicio o alguna otra conducta purgativa. Parece muy interesante aportar conductas alternativas que permitan aliviar estos síntomas: relajarse, hablar por teléfono con una amiga o amigo o mejor salir con él, bañarse o imaginar escenas agradables, son algunas de las que se pueden proponer, siendo siempre necesario tener en cuenta las posibilidades y preferencias de cada paciente. Debe evitarse como sea que lleve a cabo conductas purgativas.

Cumplir con lo acordado en la terapia no es fácil. De hecho, todo lo que se le está pidiendo a la paciente que lleve a cabo son comportamientos que pueden llegar a provocarle terror. Para facilitar estos cambios es recomendable la utilización de contratos terapéuticos. Éstos consisten en la exposición por escrito, objetiva y detallada de las tareas a cumplir, con especificación de la frecuencia y de las recompensas que puede obtener con su cumplimiento o de los castigos que puede conllevar su no cumplimiento. Tienen una vigencia determinada, que consta en el contrato, y suelen ir firmados por el paciente y el terapeuta u otra persona, si se considera adecuado. Evidentemente, para que sean útiles no ha de serle posible al paciente obtener las recompensas si no las gana. Si no se puede asegurar esto, es mejor no incluirlas en él.

Abordar las conductas purgativas

Algunos pacientes vomitan para:

• Evitar sentirse llenos.

• Vaciar el estómago.

• Regular su estado de ánimo.

• Autocastigarse.

Deben tenerse en cuenta cada una de estas causas, y trabajar tanto la sensación de plenitud como el sentimiento desagradable de «sentirse gordo». De hecho, al adoptar un patrón de comida regular ya es mucho más fácil no darse atracones ni necesitar provocarse el vómito, pero a pesar de ello se debe insistir en este punto y afrontar la causa que le atribuyen. Se pueden utilizar conductas incompatibles (como estar acompañado; no poder entrar en el váter durante dos horas después de la comida...).

Desaparición o reducción de conductas purgativas

Si los pacientes presentan conductas purgativas, como provocarse el vómito, abusar de laxantes y/o diuréticos o realizar ejercicio físico extenuante para reducir los efectos engordantes de la ingesta, se plantea la necesidad de hacerlos desaparecer. A través de los autorregistros son conscientes de qué situaciones están directamente relacionadas con la urgencia para realizar las conductas purgativas. Con la información que han recibido sobre los efectos perjudiciales de éstas pueden considerar que deben abandonarlas, y con el establecimiento de comidas regulares es más difícil que presenten la necesidad del atracón y de la conducta purgativa posterior. De todos modos, en este punto de la intervención pueden comer aquel tipo de alimentos con los que se sienten más seguros, porque lo más importante es asegurar la ganancia que se ha obtenido.

Los laxantes y diuréticos se abandonan con más facilidad de lo que podría creerse, pero si resulta difícil puede programarse una reducción progresiva.

Abordar el bajo peso: es una parte de la terapia extraordinariamente importante en los pacientes que presentan un IMC entre 15 y 18,9, pudiendo precisarse un tratamiento específico y en casos graves la hospitalización. En este momento del tratamiento puede decidirse que el paciente participe en la versión larga (de 40 sesiones).

Asimismo se debe abordar el ejercicio excesivo con diferentes estrategias, de reflexión y de restricción.

Recabar la cooperación de parientes y amigos

Se requiere el apoyo de padres y amigos, aunque la participación de éstos es muy distinta en los trastornos anoréxicos que en los bulímicos. Dado que en la anorexia nerviosa las pacientes suelen ser muy jóvenes y acostumbran a vivir con su familia, que además en muchas ocasiones son los padres los que piden la ayuda terapéutica, que es mucho más frecuente que se las tenga que ingresar en centros hospitalarios y que el trastorno ha alterado mucho más la vida familiar que en trastornos bulímicos, la participación familiar es mucho más intensa desde el inicio de la intervención terapéutica. Establecer grupos terapéuticos de padres ha demostrado una gran eficacia. El mero hecho de recibir información de parte de otros padres que sufren unas situaciones muy parecidas ya resulta en extremo aliviador. Igualmente, observar en otros los ensayos terapéuticos o resolver los problemas planteados en un ambiente familiar distinto permite un mejor aprendizaje y entrenamiento en comportamientos adecuados.

En las pacientes bulímicas la participación de los familiares puede ser muy útil, aunque dependiendo de la edad en que se presente su participación sólo se promoverá si la persona afectada lo acepta. Al ser una conducta secreta, que en muchas ocasiones es ignorada por los amigos y familiares, el hecho de explicarlo le sirve a la paciente para ver que no la rechazan por ello, como temía, y que además puede recabar su ayuda para controlarse.

En estas sesiones se debe educar sobre los efectos adversos de la dieta y las conductas purgativas.

Se repasan los tres tipos de dieta que se suelen utilizar: ayuno o gran restricción de ingesta, evitación de determinados alimentos (los alimentos prohibidos) o la restricción total de comida. Se observan las consecuencias físicas y psíquicas de una dieta restrictiva (véase capítulo 4) y se propone empezar la reducción de la dieta del primero de los tipos descritos. Es decir, se permite la evitación de determinados alimentos, pero se prescribe un patrón de conductas regulares.

Si existen conductas purgativas, se explican los efectos que producen a nivel físico y en el estado de ánimo.

5.2.1.3. ESTADIO 2: REVISIÓN E IDENTIFICACIÓN DE BARRERAS AL CAMBIO

Este estadio supone un alto, para llevar a cabo una revisión conjunta de los progresos e identificar las barreras al cambio emergentes, revisar la formulación del problema que se ha hecho a medida del paciente y ver si sigue ajustándose a su problema. Es el momento de decidir si usar una forma más larga de la terapia cognitivo-conductual transdiagnóstica (TCCT).

Llevar a cabo una revisión conjunta de los progresos

Es importante llevar a cabo la revisión. Para ello se pueden usar instrumentos de medida como el EDE-Q, y comparar las gráficas (si se tienen) de la conducta alimentaria.

Si no se observan progresos se debe cambiar la intervención para solventar los problemas que puedan haber surgido.

Hasta este momento puede haber mejorado la conducta alimentaria, pero no las preocupaciones con la figura. Es un buen momento para plantear que se van a tratar en un futuro próximo, valorando ahora los progresos obtenidos.

A veces lo que no se admite son los progresos, existiendo una visión negativa. Debe indagarse si en ese caso hay depresión.

TABLA 5.6
Tabla de evaluación del Estadio 1: tratamiento para los trastornos del comportamiento alimentario basado en la teoría transdiagnóstica de Fairburn (2008)

ELEMENTOS DEL TRATAMIENTO	CÓMO VA EL TRATAMIENTO		
	No va bien	Bastante bien	Bien
Asistencia a les sesiones			
Puntualidad en las sesiones			
Autorregistro			
No pesarse en casa			
Leer libro de autoayuda			
No comer entre horas			
Dar prioridad al tratamiento			
Otros			

Identificar las barreras al cambio emergentes

Es posible que el paciente presente alguna de las siguientes barreras de oposición al cambio:

- Miedo al cambio.
- Rigidez.
- Compromisos que interfieren (trabajo, niños).
- Acontecimientos externos y dificultades interpersonales.
- Pobre planificación.
- Depresión.
- Baja autoestima.
- Perfeccionismo.
- Uso de sustancias.
- Desagrado con el tratamiento.
- Implementación pobre del tratamiento por parte del terapeuta.

Deberán afrontarse cada una de estas barreras que puedan estar impidiendo a la persona el avance en su tratamiento.

Revisar la formulación

Puede haber cambiado algo o haberse detectado algún problema que al comienzo no se conocía.

Decidir si usar una forma más larga y más amplia de la terapia cognitivo-conductual transdiagnóstica (TCCT)

Esta decisión, como hemos visto, será prescriptiva cuando hay un peso bajo o la persona presenta un perfeccionismo clínico o una muy baja autoestima.

5.2.1.4. ESTADIO 3: TRATANDO LA SOBREVALORACIÓN DEL CONTROL DEL PESO, FIGURA Y COMIDA

En este estadio van a tratarse los mecanismos que están manteniendo el trastorno:

- Sobrevaloración del peso y figura.
- Sobrevaloración del control sobre el peso.

- Contención dietética: control exagerado de lo que come.
- Restricción dietética: comer poco.
- Bajo peso.
- Cambios en la ingesta debidos a acontecimientos o a estado de ánimo.

Se decide en qué mecanismos va a incidirse y en qué orden.

Sobrevaloración del peso y figura y del control del peso

1. Es preciso identificar la sobrevaloración del peso y sus consecuencias. Se trata de realizar una lista de áreas que son importantes para la persona (familia, trabajo, figura, peso y comida, amigos, deporte, música...) y jerarquizarlas en función de lo relevantes que son para ella.

Para ello, se elabora un pastel («tarta de la autoestima») en el que se distribuya el peso de cada una:

- Familia.
- Trabajo.
- Figura, peso y comida.
- Amigos.

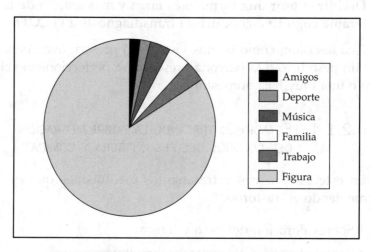

FIGURA 5.2.   Ejemplo de «tarta de la autoestima».

- Deporte.
- Música.
- Otros.

También se inicia una discusión acerca de la importancia que se da a la figura y el peso, y se valoran las otras áreas.

Para conseguir este cambio se aconseja seguir cinco pasos: discutir el acuerdo o desacuerdo con la distribución mostrada en la «tarta de la autoestima»; identificar nuevas actividades en las que el paciente pueda verse comprometido (en general, actividades en las que participaba antes de tener el trastorno); ponerse de acuerdo en que lleve a cabo una o dos de estas actividades; asegurarse de que las lleva a cabo a través de autorregistros y usando técnicas de solución de problemas para eliminar las barreras que pueda estar ofreciendo (véanse los pasos y un ejemplo de resolución de problemas, en tablas 5.7 y 5.8) y revisar el progreso a la hora de llevarlas a cabo cada semana.

TABLA 5.7
Técnica de resolución de problemas

1. Descripción del problema, en términos lo más objetivables posibles.
2. Alternativas al problema: generar con «tempestad de ideas» el máximo número de alternativas. Impera el principio de la cantidad sobre la racionalidad.
3. Decidir cuál es la mejor alternativa. Ésta ha de ser beneficiosa primeramente para la persona que tiene el problema, y debe ser eficaz a largo plazo.
4. Llevar a cabo la alternativa escogida.
5. Valorar el resultado.

Técnica de resolución de problemas. Se parte de la base de que la mayoría de las pacientes relacionan gran parte de sus problemas con la comida y la necesidad de estar delgadas. Por ello, difícilmente buscan soluciones distintas a extremar su régimen o, por el contrario, a realizar atracones.

TABLA 5.8
Ejemplo del uso de la técnica de resolución de problemas

«María se ha disgustado con su novio porque éste le ha comunicado que el próximo domingo irá a un acontecimiento deportivo y no podrá salir con ella. No le ha dicho nada, pero su pensamiento se ha centrado en que esto se debe a que no le resulta suficientemente atractiva porque posiblemente está demasiado gorda; de lo contrario, no la dejaría sola. Se propone incrementar su régimen, pero está tan enfadada que hace todo lo contrario, se atraca de chocolate y después se siente tan culpabilizada que se provoca el vómito».

En este caso se pueden seguir los pasos descritos:

1. Descripción del problema:

El novio le plantea que el próximo domingo asistirá a un acontecimiento deportivo.

María se siente rechazada porque: *a*) cree que no le resulta atractiva, y *b*) porque está demasiado gorda.

2. Alternativas al problema:

a) Pensar que no tiene nada que ver con si le resulta o no atractiva; quizá se trate tan sólo de que le gusta ir al fútbol.
b) Romper con él.
c) Ir a ver aquella película que le interesa tanto y a él no.
d) Dejar de salir con él tres domingos seguidos.
e) «Ligar» con otro chico.
f) Pasarse el domingo encerrada en casa y así estar aún más enfadada.
g) Decirle que lo que le sabe mal es no estar con él este domingo.
h) Atracarse de comida y vomitar a continuación.
i) Llorar toda la noche.
j) Decidir ir también al fútbol aunque no le guste.

3. Decidir cuál es la mejor alternativa.

Como ha de ser beneficiosa primeramente para ella, no le cuesta descartar las alternativas: *b*), *d*), *f*), *h*), *i*), *j*). Y como debe ser eficaz a largo plazo, decide de entre las que le quedan la *c*), y además en este caso escoge también la *g*) y la *a*).

4. Llevar a cabo la alternativa escogida.

María va al cine con una amiga, lo pasa muy bien y su estado de ánimo es muy distinto.

Primero se trata de detectar y describir de la manera más objetiva posible el problema. A continuación se deben considerar todo tipo de alternativas a la solución del problema, como mínimo diez, aunque sean disparatadas o fantasiosas. El paso siguiente consiste en escoger entre todas las alternativas, la que será más útil a largo plazo y le favorecerá más a ella misma. Finalmente, debe ponerse en práctica y observar el resultado.

2. Otro tema importante es el de cambiar la **sobrevaloración del peso y la figura.** Para ello se debe evaluar e intervenir en las **conductas repetitivas de verificación de la figura** y **las de evitación a causa de la apariencia.**

Para llevar a cabo una correcta evaluación de las conductas repetitivas de verificación, como tocarse los brazos o los muslos, comprobar que se nota los huesos del escote, probarse ropa antigua para comprobar si le entra o pesarse muy a menudo (aunque este comportamiento ha sido valorado y trabajado en etapas anteriores, aquí puede repasarse y observar qué efecto ha tenido en su estado de ánimo el haber dejado de pesarse). El método que se utiliza es el del autorregistro. En el que lleva a cabo acerca de lo que come y bebe, se añade una columna acerca de la verificación, como puede observarse en la tabla 5.9.

Una vez se han recogido algunos autorregistros, puede procederse a analizar qué efectos tiene en su estado de ánimo, en su conducta, en su satisfacción persona, la verificación llevada a cabo. El paso siguiente es el de reducir o dejar de hacer verificaciones acerca de su cuerpo y observar qué resultado tiene en su bienestar.

3. Otra forma de verificación es la de mirarse al espejo. Se recoge en el autorregistro y, a continuación, tras una reflexión compartida, se puede deducir que lo que uno ve en el espejo depende de lo que uno busca ver.

4. Compararse con otras personas es otra forma de comprobar el propio cuerpo que puede llevar fácilmente a mantener las preocupaciones, así como derivar en la sensación de que el propio cuerpo no es tan atractivo como el de otras personas. La comparación suele hacerse en las partes del cuerpo que preocupan especialmente a la paciente. Para intentar cambiar este proceso se pueden hacer los siguientes pasos: *a*) tratar de que

TABLA 5.9
Ejemplo de autorregistro para las conductas de verificación

DÍA						
HORA	BEBIDA Y COMIDA CONSUMIDA	LUGAR	ES	V/O	VERIFICACIÓN (TIEMPO)	CONTEXTO
6.00	Vaso de agua	Lavabo			Mirarme al espejo (dos minutos). Comprobar mis michelines (5 minutos).	Mi cara es muy gorda.
7.30		Lavabo				¡¡¡Ufff, mis muslos!!!
8.00	Vaso de leche	Cocina				Me controlo.
10.30	Un croissant	Bar			Me miro en un cristal si se me ve barriga.	Me odio.
15.00	Dos bocatas, un zumo	Bar	*			Tenía que comer solo ¡¡¡uno!!!
20.00	Ensalada de atún	Cocina			Me ensancho el jersey para que no «marque».	Tengo que adelgazar.
22.30	4 galletas, un yogur, 2 vasos de leche, azúcar...	Cocina	*			No quiero verme. ¿Por qué lo hago?

ES: ¿Consideras que es un episodio de sobreingesta? Márcalo con un *.

V/O: ¿Te provocas el vómito o haces otra conducta purgativa?

explique la razón de hacerlo; *b*) identificar cuándo y cómo hace comparaciones; *c*) ayudarle a ver que hay un sesgo en las personas que elige para compararse y en las partes del cuerpo que observa; *d*) proponer tareas para casa, como compararse con una tercera persona que encuentre en su camino; *e*) explorar las implicaciones de su sesgo; *f*) discutir cómo la comparación se hace respecto al cuerpo y no sobre otros dominios como intelecto, simpatía, aptitudes...; *g*) explorar las consecuencias de la comparación, y por último modificar dicha comparación.

5.   Hacer frente a **«sentirse gorda»**. Normalmente se equipara «sentirse gorda» a «estar gorda». Para enfrentarse a este sentimiento se necesita: *a*) reconocer que se *siente gorda* en determinados momentos, *b*) educarle en que no es lo mismo *sentirse* que *estar gorda*; ayudarle a identificar qué otros sentimientos, sensaciones o acontecimientos le pueden llevar a este pensamiento; *c*) pedirle que registre los momentos en que este sentimiento es muy intenso y en qué contexto ha aparecido; *d*) en la próxima visita, analizar el contexto en que ha aparecido el sentimiento; *e*) practicar la identificación de estos momentos; acerca de las sensaciones y sentimientos corporales el terapeuta debe ayudarle a entender que es la interpretación que hace de ellos, más que las sensaciones «per se».

6.   **Aprender a controlar la interpretación de trastorno alimentario**. El núcleo del problema es la interpretación que hace que el/la paciente filtre los estímulos externos e internos de una determinada manera, y de la cual resulta la conducta característica de las personas con TCA (restricción dietética, vómitos autoprovocados, abuso de laxantes y diuréticos y, asimismo, el etiquetado erróneo de diferentes experiencias emocionales como «sentirse gorda»). En este punto se pretende que el paciente aprenda a distinguir esta interpretación y cómo controlarla.

Es necesario que aprenda a discriminar los estímulos que pueden desencadenar su interpretación y que aprenda a no sucumbir ante ellos, pero si a pesar de esto despiertan su interpretación y su trastorno, es importante que se dé cuenta y pueda controlarlo lo más rápidamente posible.

Contención dietética: control exagerado de lo que come; restricción dietética: comer poco; cambios en la ingesta debidos a acontecimientos o a estado de ánimo; bajo peso.

— La contención y restricción dietética es vista en muchas ocasiones como positiva. En este momento se hace necesario presentar las desventajas de una dieta rígida y ayudar a los pacientes a ver que su dieta es un problema.

— Educar acerca de la restricción y las reglas de la dieta. En primer lugar se deben detectar estas reglas: qué, cuándo y cuánto comer; no comer más que cualquier otra persona; no comer «hasta que te lo hayas ganado» (haciendo ejercicio...); no comer si no estás hambriento; no comer a no ser que «sea necesario»; no comer comida de una determinada composición (en términos de contenido calórico)...

— Se trata de *a*) identificar una regla específica; *b*) explorar con el paciente las consecuencias de romper la regla; *c*) hacer un plan con el paciente para romper la regla y observar las consecuencias de hacerlo; *d*) analizar las implicaciones de romper dicha regla, y *e*) planificar nuevos rompimientos de dieta.

— Evitación de comidas: aquí el primer paso es la evaluación de qué comidas son las que deben evitarse. Para ello se hará una lista que puede ser increíblemente larga. A continuación se programará también el rompimiento de las reglas que rigen la elección de los alimentos no permitidos.

— Otras reglas que pueden romperse son: qué comer (lo contrario de lo prohibido); cuándo comer; cuánto comer; no comer delante de los demás; no comer más que los demás; no comer si no se está hambriento o si no se ha ganado la comida mediante ejercicio...

— Finalmente, se hace un repaso de «hacer frente a la sobreevaluación del control sobre el peso».

Cambios en la ingesta debidos a acontecimientos o a estado de ánimo

En un primer momento se buscará detectar en los autorregistros la influencia de determinados acontecimientos sobre la alimentación, a fin de analizarlos.

— Enfrentarse de manera proactiva a los acontecimientos desencadenantes a través de la resolución de problemas (véanse las tablas 5.8 y 5.9).

— Desarrollar métodos funcionales de modulación del estado de ánimo.

Hay pacientes que presentan sus trastornos alimentarios especialmente como respuesta a cambios de humor. A veces estos cambios pueden ser los desencadenantes de autodaño o autolesiones o del uso incontrolado de sustancias psicoactivas (alcohol, marihuana...).

Para educarles acerca de su intolerancia a determinados estados de ánimo es necesario comprender la secuencia:

a) Analizar la ocurrencia del acontecimiento desencadenante.

b) Evaluación cognitiva del acontecimiento.

c) Cambio del estado de ánimo a peor.

d) Evaluación cognitiva del cambio del estado de ánimo, seguida rápidamente de una amplificación de dicho estado de ánimo.

e) Inicio de la conducta disfuncional.

f) Mejora en el estado de ánimo.

g) Evaluación posterior de la situación como autodegradante y como un signo inequívoco de que no sabe hacer frente a sus problemas.

A continuación, deberá entrenarse al paciente en prevenir estas situaciones con solución de problemas, o a reaccionar emocionalmente de manera más adecuada. Las emociones pueden controlarse (enseñar métodos de control emocional), pueden contemplarse sin reaccionar, o se pueden utilizar recursos distractores como música, comunicarse con otras personas, hacer ejercicio físico, tomar un baño, una ducha fría o yendo al cine (mejor ver una película ligera).

Bajo peso

El peso bajo (IMC entre 15 y 18,5) debe ser tenido en cuenta, y dentro de la terapia transdiagnóstica se hace un apartado especial para ello.

El objetivo es el incremento del peso con cambio en los hábitos y cantidad de comida consumida, especialmente aumentando la motivación del paciente. La TCCT no sólo cambia su contenido para adaptarlo a estas necesidades, sino que dobla el tiempo de la terapia.

Además, si el paciente es menor de edad, se adapta asimismo a esta necesidad implicando a los padres en ella.

5.2.1.5. ESTADIO 4: TERMINAR BIEN

Es tan importante terminar bien como empezar bien.

A las personas que han sufrido un trastorno alimentario no puede asegurárseles que una vez haya finalizado la terapia estarán «curadas», en el sentido corriente del término. Probablemente toda su vida serán personas sensibles a la ingesta de determinado tipo de comida y a la preocupación por la figura, pero esto no quiere decir que no puedan vivir felizmente ni implica que puedan padecer de nuevo el trastorno. De todos modos, es necesario ser conscientes de ello, puesto que ante una situación estresante pueden sentirse tentadas a recurrir a los viejos métodos del trastorno. Dentro del tratamiento ya se enseña un conjunto de técnicas que permitan valorar las situaciones especialmente conflictivas y prepararse con antelación.

Además, se recomienda una serie de precauciones a tener en cuenta para prevenir la recaída:

1. Reflexiona sobre tu situación actual. Algunas técnicas terapéuticas te van bien y otras no tanto. Escoge las que te sean especialmente útiles.

2. Empieza de nuevo el autorregistro.

3. Haz cuatro o cinco comidas al día, sin saltarte ninguna.

4. Planifica tu tiempo de manera que no te quede mucho tiempo libre, pero que tampoco andes ajetreada. Decide qué y dónde vas a comer.

5. Identifica los momentos en que sea más fácil que puedas realizar atracones y búscate actividades incompatibles, como estar con amigos, bañarte o relajarte.

6. Si piensas mucho en el peso, procura no pesarte más de una vez por semana o ni siquiera una. Recuerda lo que has aprendido sobre el peso, qué es un peso normal, y las correcciones que puedes hacer sobre estos pensamientos.

7. Si comienzas a pensar mucho en tu peso o figura, si empiezas a sentirte gorda y las cosa van mal, tal vez te sientes deprimida o ansiosa. Trata de utilizar la técnica de resolución de problemas, porque puede ayudarte a identificar tu problema y a escoger alternativas positivas.

8. Si es posible, confíate a alguien.

9. Ponte metas reales y felicítate por cada progreso obtenido aunque sea modesto.

5.3. Algunas consideraciones respecto a los padres

Tal como hemos dicho repetidamente, la intervención de los padres en todo el proceso de los trastornos alimentarios tendrá mayor o menor participación dependiendo de la edad de la persona que lo sufre. Como hemos dicho también, la edad de las anoréxicas suele ser inferior, y por ello es más frecuente la participación paternal. Esto quiere decir que han sufrido más de cerca todas las angustias que se han producido durante el sufrimiento del trastorno, que se han sentido culpabilizados a menudo, que en muchas ocasiones son los que deben tomar la iniciativa de buscar ayuda terapéutica, y que en general ven su vida familiar y personal muy alterada. Vandereycken et al. (1991) indican que la participación y el compromiso de los padres es absolutamente necesario, y que existen por lo menos cuatro niveles de intervención terapéutica con ellos. En el nivel más básico se trataría de dar información sobre el trastorno y los comportamientos a seguir con la persona afectada. El segundo nivel sería aquel en que hay alteraciones familiares que necesitan intervención terapéutica y se debería realizar terapia familiar. Cuando además se detectan problemas de pareja se deben tratar en el tercer nivel, y en el último se haría terapia individualmente al padre que lo necesitara. Evidentemente, en toda familia que haya un trastorno alimentario se presentan conflictos y problemas y se altera la vida familiar. Por ello es necesario distinguir la gravedad y ser flexibles en la aplicación de este esquema. De todas formas, muchas veces los padres se resisten a ser tratados, porque piensan que ellos no tienen ningún problema o se sienten humillados. Es muy interesante la participación de otros padres, en una terapia de grupo por ejemplo, puesto que suele ser mucho más comprensible toda la situación si la plantean otras personas que han sufrido circunstancias parecidas. La participación de los padres en la terapia es esencial no sólo para mejorar el estado de la paciente, sino para mantenerlo en el futuro.

5.4. A modo de despedida

A estas alturas del libro no sé si les habré convencido, pero parece que una de las mejores formas de prevenir los trastornos alimentarios, por lo menos en las chicas, que son las más afectadas, es la de desarrollar un sentido crítico hacia la presión a la esbeltez propuesta por la moda, e intentar la desaparición de las dietas de adelgazamiento. De hecho, una de las mejores tácticas preventivas es la denominada «alfabetización de medios», en la que se promueve la crítica a la pubicidad.

Así como es imposible intervenir en determinados factores causales o desencadenantes de estos trastornos, como por ejemplo los genes, el sexo, la edad o los acontecimientos estresantes, sí que se puede plantear su prevención en los factores más cercanos a su aparición. Hemos visto que la presión social a la delgadez interviene decisivamente en el planteamiento de dietas estrictas, y que a través de ellas se aumenta mucho el riesgo de padecer alguno de estos trastornos. No podemos evitar que una chica se encuentre sumergida en las presiones sociales, ni podemos de ninguna forma (¡y afortunadamente!) impedir que se plantee su incorporación a la sociedad actual, pero sí que podemos intentar hacerle más consciente y crítica sobre lo que representa la presión que recibe.

Parece que aceptar de plano la necesidad de estar delgada es:

a) Someterse dócilmente a todos los productores de la gran industria de la delgadez: productos «light», gimnasias, cremas adelgazantes...

b) Organizarse un estilo de vida en el que una puede estar fastidiándose constantemente de manera muy eficaz (¡No comas de esto! ¡Engorda! Me sobra de aquí, me sobra de allá...).

c) Una manera de no poder preocuparse por otros temas que pueden ser mucho más apasionantes.

d) Dejar de lado el aprendizaje de cualidades humanas tan maravillosas como la simpatía, la comprensión, el cariño, la ironía, la expresividad...

e) No aprender o abandonar el sentido del humor. En la preocupación por la figura y el trastorno alimentario no tiene cabida.

f) Dar por perdida la posibilidad de que una mujer puede ser apreciada por otras cualidades que por su delgadez, a nivel familiar, profesional o político.

g) Todas las miles de razones que animan a vivir de forma creativa, a desarrollarse como persona, a convivir con sus semejantes e incluso a sentirse atractiva.

Resulta bastante absurdo que una persona pueda llegar a renunciar a su vida o por lo menos a gran cantidad de satisfacción posible, debido a esta presión por la delgadez.

Me permito llamar a la rebelión frente a esta nueva forma de esclavitud.

Abandonar las dietas es la otra forma de prevención de estos trastornos. Hemos podido ver que son las causantes directas de muchas alteraciones: de los atracones, de las conductas purgativas, de los desánimos, del insomnio... Por si fuera poco, no son especialmente efectivas en sus propósitos (ya que hemos visto que el peso corporal depende de muchos factores), y pueden conducir a trastornos más graves. De todas formas, su uso está tan extendido que incluso podemos calificarlo de normativo, pero esto no quiere decir que no se pueda hablar en contra suya. Existen estudios en los que se demuestran los perjuicios que el uso y abuso de dietas causan en la salud y el papel que desempeñan en la mortalidad. Algunos psicólogos han ideado y llevan a cabo terapias para que las personas que se someten muy a menudo a dietas las abandonen definitivamente. Los resultados obtenidos son bastante satisfactorios, pero se necesita añadir un ingrediente básico para que el éxito sea completo: el tratamiento de la imagen corporal para conseguir una mayor satisfacción con el propio cuerpo. Ello nos demuestra de nuevo la importancia de este aspecto.

Si queremos organizar una prevención eficaz de estos trastornos debemos incidir de una forma directa, enseñando métodos de defensa psicológica frente al modelo estético estandarizado, y de aprecio y valoración de la propia imagen corporal.

Resumen

En este capítulo se han presentado los tratamientos que se han mostrado eficaces en algunos de los trastornos alimentarios. Se han descrito los diferentes niveles de tratamiento de dichos trastornos, y cómo se hace una propuesta de escalonamiento de dichos tratamientos aumentando el tiempo y la complejidad, especialmente para trastornos de tipo bulímico y trastorno por atracón.

Se han expuesto las condiciones necesarias para considerar un tratamiento eficaz y para qué tipo de trastorno lo es. Así pues, se describen los que se han mostrado eficaces para la anorexia nerviosa, la bulimia nerviosa y los trastornos del comportamiento alimentario no especificados, entre éstos el trastorno por atracón.

En la segunda parte de esta guía se describe el plan terapéutico descrito por Fairburn, enmarcado en la teoría transdiagnóstica, que puede ser empleada ante cualquier tipo de trastorno alimentario.

El capítulo continúa con una breve referencia a los padres y familiares, particularmente en los trastornos anoréxicos.

En el último apartado proponemos técnicas de prevención basadas en la crítica al modelo estético corporal, que exige la esbeltez como condición necesaria y el abandono de las dietas.

Lecturas recomendadas

Toro, J. (2004). *Riesgo y causa de la anorexia nerviosa*. Barcelona: Paidós.

El doctor Toro, pionero de la comprensión, evaluación y tratamiento de los trastornos alimentarios, impulsor de los tratamientos eficaces en el ámbito clínico, luchador incansable en el escenario de la Psicología y Psiquiatría, investigador, profesor y divulgador de conocimientos, nos tiene acostumbrados a presentar sus estudios de manera profunda y amena al mismo tiempo.

En este libro hace una inmersión en la mayoría de los estudios (y son muchísimos) que se han llevado a cabo en los factores de riesgo de la anorexia nerviosa, ofreciendo un panorama extraordinariamente completo, comprensible y bien fundamentado.

Todo investigador debe repasar en este volumen las bases para su estudio sobre el tema, pero al mismo tiempo las personas interesadas en el tema pueden hallar la información que busquen.

Grilo, C. M. (2006). *Eating and Weight Disorders*. Psychology Press.

De manera clara y sencilla, el doctor Grilo presenta los trastornos del comportamiento alimentario, enlazándolos con el problema actual del sobrepeso y de la obesidad. Describe minuciosamente la epidemiología, la clínica, la evaluación y los tratamientos, tanto los médicos como los psicológicos.

Investigador infatigable en el campo de los TCA, presenta el fenómeno que se produce en el escenario del mundo occidental

OJOS SOLARES

relativo a los trastornos relacionados con el peso y la preocupación por el peso, ligada o no al sobrepeso y la obesidad.

Amigo, I. (2003). *La delgadez imposible. La lucha contra la imposición de la imagen.* Barcelona: Paidós.

El profesor Isaac Amigo plantea una serie de interrogantes, comunes a la mayoría de la población: ¿Son todas la dietas necesarias e igualmente saludables? ¿Por qué es tan difícil mantener la pérdida de peso a largo plazo después de concluir una dieta hipocalórica? ¿Estar permanentemente a régimen es bueno para nuestra salud? ¿La práctica cíclica de las dietas hipocalóricas puede tener un efecto paradójico y provocar un incremento gradual de peso? ¿El sobrepeso moderado es necesariamente perjudicial? ¿Son las dietas la causa de la anorexia, la bulimia y el trastorno por atracón? ¿Qué condiciones culturales, familiares y personales son necesarias para el desarrollo de la anorexia, además de las dietas hipocalóricas? ¿Caminamos hacia una sociedad de la delgadez o, por el contrario, la delgadez pronto llegará a ser un estado físico tan sólo al alcance de unos pocos?

Éstas y otras muchas cuestiones son abordadas en este libro, y las respuestas a las mismas, que el autor ha fundamentado con rigurosidad, no dejarán de sorprender a todo aquel que se implique en la lectura.

Referencias bibliográficas

Agras, W. S. (2010). Introduction and overview. En W. S. Agras (ed.), *The Oxford Handbook of Eating Disorders*. Nueva York: Oxford University Press.

Allison, K. C. y Lundgren, J. D. (2010). Proposed Syndromes and the Diagnostic and Statistical Manual V. En W. S. Agras (ed.), *The Oxford Handbook of Eating Disorders*. Nueva York: Oxford University Press.

American Psychiatric Association (1980). *Diagnostic and Statistical Manual of Mental Disorders*. Washington D.C. Author.

American Psychiatric Association (1987). *Diagnostic and Statistical Manual of Mental Disorder-revised* (3.ª ed.). Washington D.C.: APA. DSM.

American Psychiatric Association (1994). *Diagnostic and Statistical Manual of Mental Disorder* (4.ª ed.). Washington D.C.: APA. DSM

American Psychiatric Association (2000). *Diagnostic and Statistical Manual of Mental Disorders-revised* (4.ª ed.).

Anderson-Fye, E. y Becker, A. (2004). Sociocultural aspects of eating disorders. En J. K. Thompson (ed.), *Handbook of eating disorders and obesity*, pp. 565-589. Nueva York: Wiley.

Ávila, M. D. (1987). La autoobservación. En R. Fernández Ballesteros y J. A. I. Carrobles (eds.), *Evaluación conductual* (3.ª ed.). Madrid: Pirámide.

Beck, A. T. (1976). *Cognitive therapy & emotional disorders*. Nueva York: University Press.

Beck, A. T. y Beamesderfer, A. (1974). Assessment of depression: The Depression Inventory. En P. Pichot (ed.), *Psychological measurements in Psychofarmacology: Modern problems in Pharmapsychiatry*, vol. 7. París: Karger Bazil.

Boutelle, K., Neumark-Sztainer, D., Story, M. y Resnick, M. D. (2002). Weight control behaviours among obese, overweight, and non-overweight adolescents. *Journal of Paediatric Psychology, 28*, 40-50.

Bulik, C. M, Slof-Op't Landt, M. C., van Furth, E. F. y Sullivan, P. F. (2007). The genetics of anorexia nervosa. *Annual Review of Nutrition, 27*, 263-275.

Bulik, C. M., Sullivan, P. F., Wade, T. D. y Kendler, K. S. (2000). Twin studies of eating disorders: a review. *International Journal of Eating Disorders, 27*(1), 1-20.

Canalda, G. (1988). Estrés y psicopatología infantil. *Revista de Psiquiatría de la Facultad de Medicina de Barcelona, 15*, 225-234.

Canals, J., Carbajo, G., Fernández, J., Marti-Henneberg, C. y Domenech, E. (1996). Biopsychopathologic risk profile of adolescents with eating disorder symptoms. *Adolescence, 31*(3), 443-450.

Cash, T. F. (1997). *The body image workbook. An 8-step program for learning to like your looks*. Nueva York: New Harbinger Publications.

Cash, T. F. (2002). A «negative body image»: Evaluating epidemiological evidence. En T. F. Cash y T. Pruzinsky (eds.), *Body Image: A Handbook of Theory, Research, and Clinical Practice*, pp. 269-276. Nueva York: Guilford Press.

Cash, T. F. y Brown, T. A. (1987). Body image in anorexia nervosa and bulimia nervosa: a review of the literature. *Behavior Modification, 11*, 487-521.

Cash, T. F. y Deagle, E. A. (1997). The Nature and Extent of Body-Image Disturbances in Anorexia Nervosa and Bulimia Nervosa: A Meta-Analysis. *International Journal of Eating Disorders, 22*, 107-125.

Cash, T., Lewis, R. J. y Keeton, P. (1987). *Development and validation of the Body Image Automatic Thoughts Questionnaire: A measure of body related cognitions*. Comunicación presentada en la reunión de la Southeastern Psychological Association, Atlanta, G. A.

Castro, J., Gila, A., Puig, J., Rodríguez, S. y Toro, J. (2004). Predictors af rehospitalization alter total weight recovery in adolescents with Anorexia Nervosa. *International Journal of Eating Disorders, 36*, 22-30.

Castro, J., Toro, J., Salamero, M. y Guimerá, E. (1991). The Eating Attitudes Test: Validation of the Spanish version. *Evaluación psicológica/Psychological Assessment, 2,* 175-190.

Compass, B. E., Davis, G. E., Forsythe, C. J. y Wagner, B. M. (1987). Assessment of Major and Daily Stressful Events during Adolescence: The Adolescent Perceived Events Scale. *Journal of Consulting and Clinical Psychology, 4,* 534-541.

Cooper, M. J., Todd, G. y Wells, A. (1998). Content, origins and consequences of Dysfunctional beliefs in anorexia nervosa and bulimia nervosa. *Journal of Cognitive Psychotherapy, 12,* 213-230.

Cooper, P. J. y Taylor, M. J. (1987). Body image disturbance in Bulimia Nervosa. *British Journal of Psychiatry* (Suplement 2), 34-38.

De Longuis, A., Folkman, S. y Lazarus, R. S. (1988). The impact of Daily Stress on Health and Mood: Psychological and Social Resourcers as Mediators. *Journal of Personality and Social Psychology, 54,* 1-11.

Espinoza, P., Penelo, E. y Raich, R. M. (2009). Factores de riesgo de alteraciones alimentarias en adolescentes españoles y chilenos. *Behavioral Psychology/Psicología Conductual, 17,* 3, 481-498.

Espinoza, P., Penelo, E. y Raich, R. M. (2010). Disordered eating behaviors and body image in a longitudinal pilot study of adolescent girls: What happens 2 years later? *Body Image, 7,* 70-73.

Fairburn, C. G. (1998). *La superación de los atracones de comida.* Barcelona: Paidós.

Fairburn, C. G. (2008). *Cognitive Behavior Therapy and Eating Disorders.* Nueva York: The Guilford Press.

Fairburn, C. G. y Beglin, S. J. (1990). Studies of Epidemiology of Bulimia Nervosa *American Journal of Psychiatry, 147,* 401-408.

Fairburn, C. G., Cooper, Z. (1993) The Eating Disorder Examination (12.ª ed.). En C. G. Fairburn y W. T. Wilson (eds.), *Binge Eating: Nature, Assessment and Treatment.* Nueva York: The Guilford Press.

Fairburn, C. G., Cooper, Z. y Cooper, P. J. (1986). The clinical features and maintenance of bulimia nervosa. En K. D. Brownell y J. P. Foreyt (eds.), *Physiology, psychology and treatment of the eating disorders.* Nueva York: Basic Books.

Fairburn, C. G., Cooper, Z., Doll, H. A., Norma, P. y O'Connor, M. (2000). The natural course of bulimia nervosa and binge eating disorder in young women. *Archives of General Psychiatry, 57,* 659-665.

Fairburn, C. G., Cooper, Z., Doll, H. A. y Welch, S. L. (1999). Risk factors for Anorexia Nervosa. Three integrated case-control comparisons. *Archives of General Psychiatry, 56,* 468-476.

Fairburn, C. G., Cooper, Z., Shafran, R., Bohn, K. y Hawker, D. (2008). Clinical Perfectionism, Core Low self Esteem and Interpersonal Problems. En Ch. G. Fairburn (ed.), *Cognitive Behavior Therapy and Eating Disorders,* pp. 197-220. Nueva York: The Guilford Press.

Fairburn, C. G. y Harrison, P. J. (2003). Eating disorders. *The Lancet, 361,* 407-416.

Fairburn, C. G. y Garner, D. M. (1986). The diagnosis of Bulimia Nervosa. *International Journal of Eating Disorders, 5,* 403-419.

Fairburn, C. G., Hay, P. J. y Welch, S. L. (1993). Binge Eating and Bulimia Nervosa: Distribution and Determinants. En C. G. Fairburn y W. T. Wilson (eds.), *Binge Eating: Nature, Assessment and Treatment.* Nueva York: The Guilford Press.

Fairburn, C. G., Welch, S. L., Doll, H. A., Davies, B. A. y O'Connor, M. E. (1997). Risk factors for bulimia nervosa. A community-based case-control study. *Archives of General Psychiatry,* 54:509.

Fairburn, C. G. y Wilson, W. T. (1993). *Binge Eating: Nature, Assessment and Treatment.* Nueva York: The Guilford Press.

Famuyiwa, O. O. (1988). Anorexia in two nigerians. *Acta Psychiatrica Escandinava, 78,* 550-554.

Favaro, A., Ferrara, S. y Santonastaso, P. (2003). The spectrum of Eating Disorders in young women: A prevalence study in general population sample. *Psychosomatic Medicine, 65,* 701-708.

Ficher, M. M. (1990). *Bulimia Nervosa: Basic Research, Diagnosis and Therapy.* Nueva York: Wiley.

First, M. B., Spitzer, R. L., Gibbon, M. y Williams J. B. W. (1996). *Structured Clinical Interview for DSM-IV Axis 1 Disorders-Patient Version (SCID-I, Version 2.0).* Nueva York: New York State Psychiatric Institute.

Freighner, J. P., Robins, E., Guze, S. B., Woodruff, R., Winokur, G. y Muñoz, R. (1972). Diagnostic criteria for use in psychiatric research. *Archives of General Psychiatry, 26,* 57-63.

Furnham, A. y Baguma, P. (1994). Cross-cultural differences in the evaluation of male and female body shape. *International Journal of Eating Disorders, 15,* 81-89.

Garfinkel, P. E. y Garner, D. M. (1982). *Anorexia Nervosa: A multidimensional perspective.* Nueva York: Bruner-Mazel.

Garner, D. M. y Bemis, K. M. (1982). A cognitive behavioral approach to Anorexia Nervosa. *Cognitive Therapy & Research, 6,* 1-27.

Garner, D. M. y Bemis, K. M. (1985). Cognitive therapy for Anorexia Nervosa. En D. M. Garner y P. E. Garfinkel: *Handbook of Psychotherapy for Anorexia Nervosa and Bulimia.* Nueva York: The Guilford Press.

Garner, D. M. y Garfinkel, P. E. (1979). The Eating Attitudes Test: An index of the symptoms of Anorexia Nervosa. *Psychological Medicine, 9,* 273-279.

Garner, D. M., Garfinkel, P. E., Schwartz, D. y Thompson, M. (1980). Cultural expectations of thinness in women. *Psychological Medicine, 10,* 647-656.

Garner, D. M., Olmstead, M. P., Bohr, Y. y Garfinkel, P. E. (1982). The Eating Attitudes Test: Psychometric features and clinical correlates. *Psychological Medicine, 12,* 871-878.

Gomez, J. y Dally, P. (1980). Psychometric rating in the assessment of progress in anorexia nervosa. *British Journal of Psychiatry, 136,* 290-296.

González, M., Penelo, E., Gutiérrez, T. y Raich, R. M. (2010). Seguimiento a los 30 meses de un programa de prevención: el IMC como predictor de sintomatología alimentaria en chicas escolarizadas. *Cuadernos de Medicina Psicosomática y Psiquiatría de Enlace, 95,* 35-43.

Grave, R. D. (1997). Guided self-help of bulimia nervosa in a specialist setting: A pilot study. *Eating and Weight Disorders, 2,* 169-172.

Grilo, C. M. (2006). *Eating and Weight Disorders.* Psychology Press.

Grunbaum, J. A., Kann, L., Kinchen, S., Ross, J. G., Hawkins, J., Lowry, R. et al. (2004). Youth risk behavior surveillance- United States, 2003. *Morbidity and Mortality Weekly Report, 53,* 1-96.

Guía de Práctica Clínica sobre Trastornos de la Conducta Alimentaria (2009). Grupo de trabajo de la Guía de Práctica Clínica sobre Trastornos de la Conducta Alimentaria. Madrid: Plan de Calidad para el Sistema Nacional de Salud del Ministerio de Sanidad y Consumo. Agència d'Avaluació de Tecnologia i Recerca Mèdiques de Cataluña; Guías de Práctica Clínica en el SNS: AATRM Núm. 2006/05-01.

Guimerá, E., Querol, E. y Torrubia Beltri, R. (1987). Adaptación española del Eating Disorder Inventory (EDI) en una muestra de pacientes anoréxicas. *Anales de Psiquiatría, 3*, 185-190.

Gull, W. W. (1874). Anorexia Nervosa. *Transactions of the Clinical Society of London, 7*, 22-28.

Halmi, K. A., Agras, W. S., Crow, S., Michell, J., Wilson, J. E., Bryson, S. W. et al. (2005). Predictors of treatment acceptance and completion in Anorexia Nervosa: Implication for future stude desings. *Archives of General Psychiatry, 62*, 776-781.

Hauri, P. y Linde, S. (1990). *No more sleepless nights*. Nueva York: John Wiley and son, Inc.

Hay, P. P. J., Bacaltchuk J., Stefano S. y Kashyap, P. (2009). Psychological treatments for bulimia nervosa and binging. *Cochrane Database Systematic Reviews*, Issue 4. Art. n.° CD000562. DOI: 10.1002/14651858. CD000562.pub3.

Henderson, K. E. y Brownell, K. D. (2004). The toxic environment and obesity: contribution and cure. En J. K. Thompson (ed.), *Handbook of Eating Disorders and Obesity*, pp. 339-348. Nueva York: Wiley.

Herman, C. P. y Polivy, J. (1980). Restrained Eating. En A. J. Stunkard (dir.), *Obesity*. Filadelfia: Saunders.

Hoeck, H. W. y Van Hoecken, D. (2003). Review of the prevalence and incidente of eating disorders. *International Journal of Eating Disorders, 34*, 383-396.

Hsu, L. K. G. (1990). *Eating Disorders*. Nueva York: The Guilford Press.

Hudson, J. I., Pope, H. G., Yurgelun-Todd, D., Jonas, J. M. y Frankenburg, F. R. (1987). A controlled study of lifetime prevalence of affective and other psychiatric disorders in bulimic outpatients. *American Journal of Psychiatry, 144*, 1283-1287.

Hudson, J. I., Hiripi, E., Pope, Jr. H. G. y Kessler, R. C. (2007). The prevalence and correlates of Eating Disorders in the National Comorbidity Survey Replication. *Biological Psychiatry, 61*, 348-358.

Huon, G. F., Lim, J., Walton, C. J., Hayne, A. M. y Gunewardene, A. I. (2000). Pathways to serious dieting: Significant insights from discontinuity. *The International Journal of Eating Disorders, 28*(4), 356-363.

Jacobi, C. y Fittig, E. (2010). Psychosocial Risk Factors for Eating Disorders. En W. S. Agras: *The Oxford Handbook of Eating Disorders*, pp. 123-136. Nueva York: Oxford University Press.

Jiménez-Murcia, S., Fernández-Aranda, F., Raich, R. M., Alonso, P., Krug, I., Menchón, J. M. y Vallejo, J. (2007). Obsessive-Compulsive and Eating Disorders: A case-comparison study. *Psychiatry and Clinical Neurosciences*, 61(4), 385-391.

Kaltiala-Heino, R., Rimpela, M., Rissanen, A. y Rantanen, P. (2001). Early puberty and early sexual activity are associated with bulimic-type eating pathology in middle adolescence. *Journal of Adolescence Health, 28,* 346-352.

Kanner, A. D., Coyne, J. C., Schaefer, C. y Lazarus, R. S. (1981). Comparison of two modes of stress measurement: Daily hassless and upflifts versus major life events. *Journal of Behavioral Medicine, 4,* 1-39.

Kaviskis, Y. J., Tsarikis, F., Marks, I. M., Basoglu, M. y Noshirvani, H. F. (1986). Past history of anorexia nervosa in women with obsesive-compulsive disorder. *International Journal of Eating Disorders, 5,* 1069-1075.

Keski-Rahkonen, A., Hoek, H., Susser, E. S., Linna, M. S., Sihvola, E., Raevuori, A., Bulik, C. M., Kaprio, J. y Rissanen, A. (2007). Epidemiology and course of Anorexia Nervosa in the community. *American Journal of Psychiatry, 164,* 1259-1265.

Kipman, A., Gorwood, P., Mouren-Simeoni, M. C. y Ades, J. (1999). Genetic factors in anorexia nervosa. *European Psychiatry, 14,* 189-198.

Klerman, G. L., Weissman, M. M., Rounsaville, B. J. y Chevron, E. S. (1984). *Interpersonal psychotherapy for depression.* Nueva York: Basic Books.

Klump, K. L., Wonderlich, S., Lehoux, P., Lilenfeld, L. R. y Bulik, C. M. (2002). Does environment matter? A review of nonshared environment and eating disorders. *International Journal of Eating Disorders, 31,* 118-135.

Koff, E. y Rierdan, J. (1993). Advanced pubertal development and eating disturbance in early adolescent girls. *Journal of Adolescent Health, 14,* 6, 433-439.

Kutlesic, V., Williamson, D. A., Gleaves, D. H., Barbin, J. M. y Murphy-Eberenz, K. P. (1998). The interview for Diagnosis the Eating Disorders-Aplication to DSM-IV diagnostic criteria. *Psychological Assessment, 10,* 41-48.

Lacks, P. (1987). *Behavioral Treatment for persistent insomnia*. Nueva York: Pergamon Press.

Lasègue, C. (1873). De l'Anorexie hysterique. *Archives générals de Medicine, 21,* 385-403.

Lee, S., Chiu, H. F. K. y Chen, C. (1989). Anorexia nervosa in Hong Kong: Why not more in Chinese? *British Journal of Psychiatry, 154,* 683-688.

Levine, M. P. y Piran, N. (2001). The prevention of eating disorders: Towards a participatory ecology of knowledge, action, and advocacy. En R. Striegel-Moore y L. Smolak (eds.), *Eating disorders: New directions for research and practice,* pp. 233-253. Washington, D.C.: American Psychological Association.

Levine, M. P. y Smolak, L. (2006). *The prevention of eating problems and eating disorders: Theory, research, and practice*. Mahwah, N.J.: Lawrence Erlbaum Associates.

Maniglio, R. (2009). The impact of child sexual abuse on health: A systematic review of reviews. *Clinical Psychology Review, 29,* 647-657.

McVey, G. L., Tweed, S. y Blackmore, E. (2004). Dieting among preadolescent and young adolescent females. *Canadian Medical Association Journal, 170,* 1559-1562.

Mitchell, J. E. y Peterson, C. B. (2005) *Assessment of Eating disorders*. Nueva York: The Guilford Press.

Mitchell, J., Pomeroy, C. y Collon, E. (1990). Medical complications in Bulimia Nervosa. En Fichter, M. M. (ed.), *Bulimia Nervosa, Basic Research, Diagnosis & Therapy*. Nueva York: John Wiley & sons.

Miró Queralt, M. C. y Raich Escursell, R. M. (2003). Imatge corporal en adolescents que presenten o no trastorns alimentaris. *Actas de la XVII Jornada Anual de la Societat Catalana de Recerca i Teràpia del Comportament*. Barcelona.

Mora, M. y Raich, R. M. (1993a). Prevalencia de las alteraciones de la imagen corporal en poblaciones con trastorno alimentario. *Revista de Psiquiatría de la Facultad de Medicina de Barcelona, 3,* 113-131.

Mora, M. y Raich, R. M. (1993b). Adaptació del Bulimia Test i Body Shape Questionnaire en una mostra universitaria. Comunicación presentada en la *VIII Jornada de Teràpia del Comportament i Medicina Conductual en la Pràctica Clínica*. Barcelona.

Mora, M. y Raich, R. M. (1994). Pluralidad del síndrome bulímico: ¿Una entidad psicopatológica o varias? *Cuadernos de Medicina Psicosomática y Psiquiatría de Enlace, 36,* 7-15.

Mora, M. y Raich, R. M. (2005). *Autoestima: evaluación y tratamiento.* Madrid: Síntesis.

Must, A., Naumova, E. N., Phillips, S. M., Blum, M., Dawson-Hughes, B. y Rand, W. M. (2005). Childhood overweight and maturational timing in the development of adult overweight and fatness: The Newton girls study and its follow-up. *Pediatrics, 116,* 620-627.

Nasser, M. (1986). Comparative study of the prevalence of abnormal eating attitudes among arab female students at both London and Cairo universities. *Psychological Medicine, 16,* 621-625.

Nasser, M. (1988). Eating disorders: The cultural dimension. *Social Psychiatry and Psychiatric Epidemiology, 23,* 184-187.

Nasser, M. (1997). The emergence of eating disorders in other culturas/societies. En M. Nasser (ed.), *Culture and weight consciousness,* pp. 24-60. Londres y Nueva York: Routledge.

National Institute for Clinical Excellence (NICE, 2004). *Eating Disorders-core interventions in the treatment and Management of anorexia nervosa, bulimia nervosa, related eating disorders.* NICE Clinical Guideline, n.º 9. Londres: National Institute for Clinical Excellence.

Neumark-Sztainer, D. y Hannan, J. (2000). Weight-related behaviours among adolescent girls and boys. Results from a national study. *Archieves of Pediatric Adolescent Medicine, 154,* 569-577.

Neumark-Sztainer, D., Paxton, S. J., Hannan, P. J., Haines, J. y Story, M. (2006). Does body satisfaction matter? Five-year longitudinal associations between body satisfaction and health behaviors in adolescent females and males. *Journal of Adolescent Health, 39*(2), 244-251.

Neumark-Sztainer, D. y Story, M. (1998). Dieting and binge eating among adolescents: What do they really mean? *Journal of the American Dietetic Association, 98,* 446-450.

Neumark-Sztainer, D., Story, M., Hannan, P. J., Perry, C. L. e Irving, L. M. (2002). Weight-related concerns and behaviours among overweight and non-overweight adolescents: Implications for preventing weight-related disorders. *Archieves of Pediatric Adolescent Medicine, 156,* 171-178.

Neumark-Sztainer, D., Wall, M., Eisenberg, M. E., Story, M. y Hannan, P. J. (2006). Overweight status and weight control behaviors in adolescents: Longitudinal and secular trends from 1999 to 2004. *Preventive Medicine, 43*, 52-59.

Neumark-Sztainer, D., Wall, M., Haines, J., Story, M., y Eisenberg, M. E. (2007). Why does dieting predict weight gain in adolescents? Findings from project EAT-II: a 5-year longitudinal study. *Journal of American Diet Association, 107*(3), 448-455.

Perpiñá, C., Botella, C. y Baños, R. (2006). La evaluación de los trastornos de la conducta alimentaria. En V. C. Caballo (ed.), *Manual para la evaluación clínica de los trastornos psicológicos,* pp. 211-233. Madrid: Pirámide.

Peterson, C. B. (2005). Conducting the diagnostic interview. En Mitchell, J. E. y Peterson, C. B. (eds.), *Assessment of Eating disorders.* Nueva York: The Guilford Press.

Piran, N., Lerner, P., Garfinkel, P. E., Kennedy, S. H. y Brouillete, C. (1988). Personality disorders in anorexic patients. *International Journal of Eating Disorders, 7*, 588-599.

Polivy, J. y Herman, C. P. (1985). Dieting and binging: A causal analisis. *American Psychologist, 40*, 193-201.

Polivy, J. y Herman, C. P. (1993). Etiology of Binge-Eating: Psychological Mechanisms. En C. G. Fairburn y T. Wilson (eds.), *Binge-eating: Nature, assessment and treatment.* Nueva York: The Guilford Press.

Polivy, J. y Thomsen, L. (1988). Los regímenes y otros trastornos de la alimentación. En E. A. Blechman y K. D. Brownell (eds.), *Handbook of Behavioral Medicine for women.* Pergamon Books Inc. Traducción: Martínez Roca, 1992, Barcelona.

Pope, H. G. y Hudson, J. I. (1985). Biological treatments in eating disorders. En S. W. Emmet (ed.), *Theory and treatment of anorexia nervosa and bulimia: Biomedical, Sociocultural and Psychosocial perspectives.* Nueva York: Bruner-Mazer.

Pope, H. G. y Hudson, J. I. (1992). Is chilhood sexual abuse a risk factor for bulimia nervosa? *American Journal of Psychiatry, 149*, 455-463.

Pyle, R. L., Mitchell, J. E. y Eckert, E. D. (1981). Bulimia: A report of 34 cases. *Journal of Clinical Psychiatry, 42*, 60-64.

Raich, R. M., Deus, J., Muñoz, M. J., Pérez, O. y Requena, A. (1991). Estudio de las actitudes alimentarias en una muestra de adolescentes. *Revista de Psiquiatría de la Facultad de Medicina de Barcelona, 18*, 305-315.

Raich, R. M. (2006). Evaluación psicológica de la imagen corporal. En V. C. Caballo (ed.), *Manual para la evaluación clínica de los trastornos psicológicos*, pp. 195-210. Madrid: Pirámide.

Raich, R. M y Gutiérrez-Rosado, T. (2009). Efecto de las dietas. En M. Riba (ed.), *Alimentación joven*, pp. 75-90. Barcelona: Erasmus.

Raich, R. M., Mora, M. y Sánchez-Carracedo, D. (2002). Anorexia y Bulimia. En M. Servera Barceló: *Intervención en los trastornos del comportamiento infantil. Una perspectiva conductual de sistemas*, pp. 303-329. Madrid: Pirámide.

Raich, R. M., Mora, M. y Soler, A. (1994). Trastorno de la imagen corporal: Evaluación y tratamiento. *Cuadernos de Medicina Psicosomática, 30*, 105-110.

Raich, R. M., Mora, M., Sánchez-Carracedo, D. y Torras, J. (2000). Adaptación y calidad psicométrica de la entrevista EDE (Eating Disorder Examination) para la evaluación de los trastornos alimentarios en población universitaria. *Revista AETCA, 1, 6*, 3-5.

Raich, R. M., Mora, M., Soler, A., Ávila, C., Clos, I. y Zapater, L. (1996). Adaptación de un instrumento de evaluación de la insatisfacción corporal. *Clínica y Salud, 1(7)*, 51-66.

Raich, R. M., Portell, M. y Peláez-Fernández, M. A. (2010). Evaluation of a school-based programme of universal eating disorders prevention: Is it more effective in girls at risk? *European Eating Disorders Review, 18*, 49-57.

Raich, R. M., Rosen, J. C., Deus, J., Pérez, O., Requena, A. y Gross, J. (1992). Eating Disorders Symptoms among adolescents in United States and Spain. A comparative study. *International Journal of Eating Disorders, 11*, 63-72.

Raich, R. M. y Torras Clarasó, J. (2002). Evaluación del Trastorno de la Imagen Corporal en población general y en pacientes de centros de medicina cosmética españoles mediante el BDDE (Body Dysmorphic Disorder Examination, Rosen y Reiter, 1995). *Psicología Conductual, 10(1)*, 93-106.

Raich, R. M., Torras, J. y Figueras, M. (1996a). Estudio de la imagen corporal y su relación con el deporte en una muestra de estudiantes universitarios. *Análisis y Modificación de Conducta, 22,* 603-626.

Raich, R. M., Torras, J. y Sánchez-Carracedo, D. (2001). Body image in a sample of adolescent students. *Book of Abstracts European Council on Eating Disorders,* p. 15.

Rathner, G. (1996). Soziokulturelle Faktoren für die Entstehung von Eßstörungen. *Psycho, 22,* 179-187.

Rieves, L. y Cash, T. F. (1996). Reported social developmental factors associated with womens' body-image attitudes. *Journal of Social Behavior and Personality, 11,* 63-78.

Rivas, T., Bersabé, R., Jiménez, M. y Berrocal (2010). The Eating Attitudes Test (EAT-26): Reliability and Validity in Spanish Female Samples. *The Spanish Journal of Psychology, 13* (2), 1044-1056.

Rodin, J., Silverstein, L. R. y Striegel-Moore, R. H. (1985). Women and weight: A normative discontent. En T. B. Sonderegger (ed.), *Nebraska symposium on motivation,* pp. 267-308. Lincoln: University of Nebraska Press.

Rojo-Moreno, L., García-Miralles, I., Plumed, J., Barbera, M., Morales, M., Ruiz, E. y Livianos, L. (2010, en prensa). Children's Eating Attitudes Test: Validation in a Sample of Spanish Schoolchildren. *International Journal of Eating Disorders.*

Rolls, B. J., Federoff, I. C. y Guthrie, J. F. (1991). Gender differencies in eating behavior and body weight regulation. *Health Psychology, 102,* 133-142.

Rosen, J. C. (1990). Body image disturbances in Eating Disorders. En T. F. Cash y T. Pruzinski (eds.), *Body image. Development, Deviance & Changes.* Nueva York: The Guilford Press.

Rosen, J. C. y Leitemberg, H. (1982). Bulimia nervosa: Treatment with exposure & response prevention. *Journal of Consulting and Clinical Psychology, 56,* 535-541.

Rosen, J. C. y Leitemberg, H. (1988). The anxiety model of Bulimia Nervosa and treatment with exposure plus response prevention. En K. M. Pirke, W. Vandereycken y D. Ploog (ed.), *The Psychobiology of Bulimia Nervosa.* Heidelberg: Springer-verlag.

Rosen, J. C., Leitemberg, H., Fondacaro, K. M., Gross, J. y Willmuth, M. E. (1985). Standarized test meals in assessment of eating behavior in bulimia nervosa: Consumption of feared foods when vomiting is prevented. *International Journal of Eating Disorders, 4,* 59-70.

Rosen, J. C. y Reiter, J. T. (1995). *Development of the Body Dysmorphic Disorder Examination (BDDE).* Documento no publicado. University of Vermont.

Rosen, J. C., Saltzberg, E. y Srebnik, D. (1990). *Development of a Body Image Behavior Questionnaire.* No publicado.

Russell, G. F. M. (1979). Bulimia Nervosa an ominus variant of Anorexia Nervosa. *Psychological medicine, 9,* 429-448.

Saggin, A. (1993). Quale educazione nutrizionale nel disturbi del comportamento alimentare. Comunicación presentada en el III Congreso «Latini Dies». Toulouse.

Saldaña, C. (2001). Tratamientos psicológicos eficaces para trastornos del comportamiento alimentario. *Psicothema 2001, 13*(3), 381-392.

Smith, M. C. y Thelen, M. H. (1984). Development and validation of a test for bulimia. *Journal of Consulting and Clinical Psychology, 52,* 863-872.

Stice, E. (2001). A prospective test of dual pathway model of bulimic pathology: Mediating effects of dieting and negative affect. *Journal of Abnormal Psychology, 110*(1), 124-135.

Stice, E. (2002). Risk and maintenance factors for eating pathology: A meta-analytic review. *Psychological Bulletin, 128,* 825-848.

Stice, E. y Presnell, K. (2010). Dieting and the Eating Disorders. En W. S. Agras (ed.), *The Oxford Handbook of Eating Disorders,* pp. 148-179. Nueva York: Oxford University Press.

Striegel-Moore, R. H. (1993). Etiology of Binge-eating: A developmental perspective. En C. G. Fairburn y W. T. Wilson (eds.), *Binge Eating: Nature, Assessment and Treatment.* Nueva York: The Guilford Press.

Striegel-Moore, R. H., McMahon, R., Biro, F., Schreiber, G., Crawford, P. B. y Voorhees, C. (2001). Exploring the relationship between timing of menarche and eating disorder symptoms in Black and White adolescent girls. *International Journal of Eating Disorders, 30,* 421-433.

Stunkard, A. J. (1993). A History of Binge-Eating. En C. G. Fairburn y G. T. Wilson (eds.), *Binge Eating: nature, assesment & treatment.* Nueva York: The Guilford Press.

Thompson, J. K. y Heinberg, L. J. (1993). Preliminary test of two hipótesis of Body Image Disturbance. *International Journal of Eating Disorders, 14*, 59-63.

Thompson, J. K., Fabian, L. J. y Moulton, D. (1990). A measure for assessment on teasing history. En J. K. Thompson: *Body image disturbance: Assessment and Treatment*. Nueva York: Pergamon Press.

Toro, J. (2004). *Riesgo y causas de la anorexia nerviosa*. Barcelona: Ariel.

Toro, J., Cervera, M. y Pérez, P. (1989). Body shape, publicity & Anorexia Nervosa. *Social Psychiatry and Psychiatric Epidemiology, 23*, 132-136.

Toro, J., Castro, J., García, M., Pérez, P. y Cuesta, L. (1989). Eating attitudes, sociodemographic factors and body shape evaluation in adolescents. *British Journal of Medical Psychology, 62*, 61-70.

Toro, J., Salamero, M. y Martínez, E. (1994). Assessment of sociocultural influences on the aesthetic body shape model in anorexia nervosa. *Acta Psychiatrica Scandinavica, 89*, 147-151.

Valdés, M. y De Flores, T. (1985). *Psicobiología del estrés*. Barcelona: Martínez-Roca.

Vandereycken, W., Castro, J. y Vanderlinden, J. (1991). *Anorexia y bulimia: La familia en su génesis y tratamiento*. Barcelona: Martínez Roca.

Vilanova, S. y Raich, R. M. (2006). *Abuso sexual y/o psicológico y trastornos del comportamiento alimentario: características clínicas*. Santiago de Compostela: VIII Congreso Internacional sobre el Estudio de la Conducta.

Villarroel, A. M., Penelo, E., Portell, M. y Raich, R. M. (en prensa). Screening for eating disorders in undergraduate women: Norms and validity of the Spanish version of the Eating Disorder Examination Questionnaire (EDE-Q). *Journal of Psychopathology and Behavioral Assessment*. doi: 10.1007/s10862-009-9177-6.

Villarroel Lastra, A. M., Penelo, E., Portell, M. y Raich, R. M. Childhood sexual and physical abuse in Spanish female undergraduates: Does it affect eating disturbances? *European Eating Disorders Review* (aceptado para su publicación).

Wade, T. D. (2010) Genetic influences on Eating and on Eating disorders. En W. S. Agras (ed.), *The Oxford Handbook of Eating Disorders*, pp. 103-122. Nueva York: Oxford University Press.

Wade, T. D., Bergin, J. L., Tiggermann, M., Bulik, C. M. y Fairburn, C. G. (2006). Prevalence and long-term course of life-time Eating Disorders in adult Australian twin cohorte. *Australian and New Zealand Journal of Psychiatry, 40,* 121-128.

Weissman, M. M., Markowitz, J. C. y Klerman, G. L. (2000). *Comprehensive guide to interpersonal psychotherapy.* Nueva York: Basic Books.

Welch, S. L. y Fairburn, C. G. (1992). Bias and Bulimia Nervosa. Comunicación presentada al V Congreso internacional sobre Trastornos Alimentarios en Nueva York.

Williams, J. M. y Currie, C. (2000). Self-esteem and physical development in early adolescence: Pubertal timing and body image. *Journal of Early Adolescence, 20,* 129-149.

Williamson, D. A., Davis, C. J., Duchmann, E. G., McKenzie, S. J. y Watkins, P. C. (1990). *Assessment of Eating Disorders. Obesity, Anorexia and Bulimia Nervosa.* Nueva York: Pergamon Press.

Wilson, G. T. (2010). Cognitive Behavioral Therapy for Eating Disorders. En W. S. Agras (ed.), *The Oxford Handbook of Eating Disorders.* Nueva York: Oxford University Press.

Wilson, G. T. y Fairburn, C. G. (2002). Treatments for eating disorders. En P. Nathan, J. M. (ed.), *A guide to treatments that work* (2.ª ed.), pp. 559-592. Nueva York: Oxford University Press.

Wilson, G. T., Vitousek, K. M. y Loeb, K. L. (2000). Stepped care treatment for eating disorders. *Journal of Consulting and Clinical Psychology, 68,* 564-572.

Wiseman, C. V., Gray, J. J., Mosiman, J. E. y Ahrens, A. H. (1992). Cultural expectations of thinness in women: An update. *International Journal of Eating Disorders, 11,* 85-89.

Colección OJOS SOLARES

TÍTULOS RENOVADOS

Sección: Tratamiento

ANSIEDAD POR SEPARACIÓN. Psicopatología, evaluación y tratamiento, F. X. Méndez Carrillo, M. Orgilés Amorós y J. P. Espada Sánchez. **Novedad.**

ANOREXIA, BULIMIA Y OTROS TRASTORNOS ALIMENTARIOS, R. M.ª Raich. **Novedad.**

DISCAPACIDAD INTELECTUAL. Adaptación social y problemas de comportamiento, M. A. Verdugo Alonso y B. Gutiérrez Bermejo. **Novedad.**

EL DESARROLLO PSICOMOTOR Y SUS ALTERACIONES. Manual práctico para evaluarlo y favorecerlo, P. Cobos Álvarez.

EL NIÑO CELOSO, J. M. Ortigosa Quiles.

EL TRASTORNO OBSESIVO-COMPULSIVO EN NIÑOS Y ADOLESCENTES. Tratamiento psicológico, A. I. Rosa Alcázar y J. Olivares Rodríguez. **Novedad.**

ENURESIS NOCTURNA, C. Bragado Álvarez. **Novedad.**

HIPERACTIVIDAD INFANTIL. Guía de actuación, I. Moreno García.

LA VIOLENCIA EN LAS AULAS, F. Cerezo.

LA VIOLENCIA ENTRE IGUALES. Revisión teórica y estrategias de intervención, M. Garaigordobil y J. A. Oñederra. **Novedad.**

MI HIJO NO ME OBEDECE. Soluciones realistas para padres desorientados, C. Larroy García.

PROBLEMAS COTIDIANOS DE CONDUCTA EN LA INFANCIA. Intervención psicológica en el ámbito clínico y familiar, D. Macià Antón.

TRASTORNOS DEL DESARROLLO MOTOR. Programas de intervención y casos prácticos, A. Latorre Latorre y D. Bisetto Pons.

TRASTORNOS DE ANSIEDAD EN LA INFANCIA Y ADOLESCENCIA, E. Echeburúa y P. de Corral.

Sección: Desarrollo

APRENDER A ESTUDIAR. ¿Por qué estudio y no apruebo?, C. Fernández Rodríguez e I. Amigo Vázquez.

EDUCACIÓN PARA LA SALUD, M. Costa y E. López.

EDUCACIÓN SEXUAL. De la teoría a la práctica, M. Lameiras Fernández y M. V Carrera Fernández. **Novedad.**

EL ADOLESCENTE Y SUS RETOS. La aventura de hacerse mayor, G. Castillo.

ENSEÑAR A LEER, M.ª Clemente Linuesa.

ESCUELA DE PADRES, J. A. Carrobles y J. Pérez-Pareja.

ESTRATEGIAS PARA PREVENIR EL BULLYING EN LAS AULAS, J. Teruel Romero. **Novedad.**

HABILIDADES SOCIOSEXUALES EN PERSONAS CON DISCAPACIDAD INTELECTUAL, B. Gutiérrez Bermejo. **Novedad.**

LAS RELACIONES SOCIALES EN LA INFANCIA Y EN LA ADOLESCENCIA Y SUS PROBLEMAS, M.ª V . Trianes, A. M.ª Muñoz y M. Jiménez.

¿ME ESTÁS ESCUCHANDO? Cómo conversar con niños entre los 4 y los 12 años, M. F. Delfos. **Novedad.**

NECESIDADES EN LA INFANCIA Y EN LA ADOLESCENCIA. Respuesta familiar, escolar y social, F. López Sánchez. **Novedad.**

NIÑOS SUPERDOTADOS, A. Acereda Extremiana.

TÍTULOS PUBLICADOS

Sección: Tratamiento

AGRESIVIDAD INFANTIL, I. Serrano.

ASMA BRONQUIAL, C. Botella y M.ª C. Benedito.

CONDUCTA ANTISOCIAL, A. E. Kazdin y G. Buela-Casal.

CONDUCTAS AGRESIVAS EN LA EDAD ESCOLAR, F. Cerezo (coord.).

DÉFICIT DE AUTOESTIMA, M.ª P. Bermúdez.

DIABETES INFANTIL, M. Beléndez, M.ªC. Ros y R. M.ª Bermejo.

DISLEXIA, DISORTOGRAFÍA Y DISGRAFÍA, M.ª R. Rivas y P. Fernández.

EL JUEGO PATOLÓGICO, R. Secades y A. Villa.

EL NIÑO CON MIEDO A HABLAR, J. Olivares.

EL NIÑO HOSPITALIZADO, M.ª P. Palomo.

EL NIÑO IMPULSIVO. Estrategias de evaluación, tratamiento y prevención, G. Buela-Casal, H. Carretero-Dios y M. de los Santos-Roig.

EL NIÑO QUE NO SONRÍE, F. X. Méndez.

ENCOPRESIS, C. Bragado.

FOBIA SOCIAL EN LA ADOLESCENCIA. El miedo a relacionarse y a actuar ante los demás, J. Olivares Rodríguez, A. I. Rosa Alcázar y L. J. García-López.

IMAGEN CORPORAL, R. M.ª Raich.

LA TARTAMUDEZ, J. Santacreu y M.ª X. Froján.

LA TIMIDEZ EN LA INFANCIA Y EN LA ADOLESCENCIA, M.ª I. Monjas Casares.

LAS DROGAS: CONOCER Y EDUCAR PARA PREVENIR, D. Macià.

LOS TICS Y SUS TRASTORNOS, A. Bados.

LOS TRASTORNOS DEL SUEÑO, G. Buela-Casal y J. C. Sierra.

MALTRATO A LOS NIÑOS EN LA FAMILIA, M.ª I. Arruabarrena y J. de Paúl.

MEJORAR LA ATENCIÓN DEL NIÑO, J. García Sevilla.

MIEDOS Y TEMORES EN LA INFANCIA, F. X. Méndez.

PADRES E HIJOS, M. Herbert.

PREVENIR EL SIDA, J. P. Espada y M.ª J. Quiles.

PROBLEMAS DE ALIMENTACIÓN EN EL NIÑO, A. Gavino.

PROBLEMAS DE ATENCIÓN EN EL NIÑO, C. López y J. García.

RELACIÓN DE PAREJA EN JÓVENES Y EMBARAZOS NO DESEADOS, J. Cáceres y V. Escudero.

RIESGO Y PREVENCIÓN DE LA ANOREXIA Y LA BULIMIA, M. Cervera.

TABACO. Prevención y tratamiento, E. Becoña.

Sección: Desarrollo

ABUELOS Y NIETOS, C. Rico, E. Serra y P. Viguer.

DESARROLLO DE HABILIDADES EN NIÑOS PEQUEÑOS, F. Secadas, S. Sánchez y J. M.ª Román.

DESCUBRIR LA CREATIVIDAD, F. Menchén.

EDUCACIÓN FAMILIAR Y AUTOCONCEPTO EN NIÑOS PEQUEÑOS, J. Alonso y J. M.ª Román.

EDUCACIÓN SEXUAL, P. Moreno y E. López Navarro.

EJERCICIO FÍSICO SALUDABLE EN LA INFANCIA, A. Gómez y F. X. Méndez.

EMOCIONES INFANTILES, M.ª V. del Barrio.

ENSEÑAR A PENSAR EN LA ESCUELA, J. Gallego Codes.

ENSEÑAR CON ESTRATEGIAS, J. Gallego Codes.

LA CREATIVIDAD EN EL CONTEXTO ESCOLAR. Estrategias para favorecerla, M.ª D. Prieto, O. Parra Ferrándiz.

LAS INTELIGENCIAS MÚLTIPLES, M.ª D. Prieto y P. Ballester.

MANUAL PARA PADRES DESESPERADOS... CON HIJOS ADOLESCENTES, J. M. Fernández Millán y G. Buela-Casal.

MEJORAR LA COMUNICACIÓN EN NIÑOS Y ADOLESCENTES, A. López Valero y E. Encabo Fernández.

NIÑOS INTELIGENTES Y FELICES, L. Perdomo.

OBSERVAR, CONOCER Y ACTUAR, M. Gardini y C. Mas.

TÉCNICAS DE TRABAJO EN GRUPO, P. Fuentes, A. Ayala, J. I. Galán y P. Martínez.

TÉCNICAS DE TRABAJO INDIVIDUAL Y DE GRUPO EN EL AULA, P. Fuentes, J. I. Galán, J. F. de Arce y A. Ayala.